金　　石　　叢　　話

중국
금석문 이야기

시칩존(施蟄存) 지음 | 이상천 · 백수진 옮김

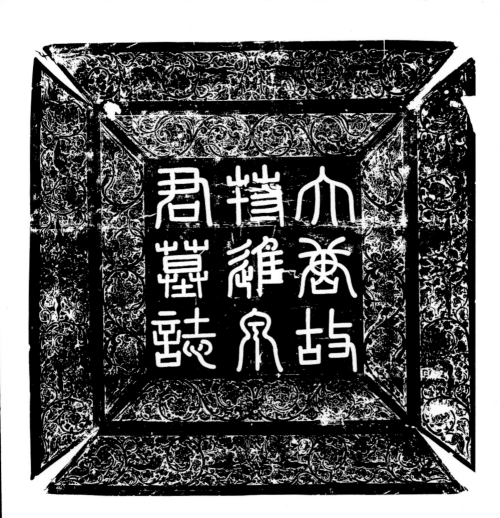

金　石　叢　話

중국
금석문 이야기

시칩존(施蟄存) 지음 | 이상천 · 백수진 옮김

목차 _

역자 서문

≪금석총화金石叢話≫의 번역에 붙여 …

　　우리가 흔히 금석金石이라고 하는 것은 기본적으로 쇠붙이나 돌을 의미하는데, 일반적으로 이 쇠붙이는 청동기를 말하고 돌은 비석을 일컫는다. 고대인들은 청동기靑銅器로 만든 제기祭器·종鐘·정鼎과 같은 것을 주조할 때 표면에다 문장을 함께 주조하였고, 비석에도 문장을 새겨 넣는 것을 즐겨하였다. 이런 기록들은 대부분 특정인의 공적을 새겨 넣은 문장들로 지금은 금석문 혹은 그냥 금석이라고 부른다. 청동기에 새겨 넣은 글자를 쇠붙이에 주조해 넣은 문장이라는 의미의 금문金文이라고 불렀으며, 비석에 새겨 넣은 문장을 석각문石刻文이라고 일컬었다.

　　중국은 일찍이 은殷나라 때부터 이런 금석문을 활용하여 비교적 긴 명문銘文을 새겨 넣어 청동기를 대표하였다. 그러나 전국말기에 이르러 제기의 총칭인 이기彝器의 주조가 쇠퇴하면서 더 이상 이명彝銘이 존재하지 않게 된다. 이렇게 금문을 대신하여 발생한 것이 돌에다 글자를 새겨 넣은 석각문이다. 이런 석문 가운데 대표적인 것이 전국시대의 것으로 추정되는 석고石鼓이다. 이 석고란 큰 돌덩이 10개를 북 모양으로 다듬어 어로와 수렵에 관한 장편의 서사시를 새겨 넣은 것을 말한다. 이 석고 이후로 석각의 풍조는 보편화되어 무덤의 묘비는 물론 건물 안에 세운 많은 기념비들로 발전한다.

이렇듯 금석문은 고대의 필기 수단으로 오랜 세월의 풍상을 거치면서 마멸되어 버린 것들도 있지만 대체로 그 흔적들을 뚜렷이 전하고 있다. 그래서 이런 금석문은 고대 언어의 문자 연구와 역사 연구에 귀중한 자료가 되는 것이다. 보통 이 금석문의 연구를 "금석학金石學"이라고 부른다.

　　그러나 이 금석학이라는 명사는 그 개념도 좀 모호한 면이 있고, 금석문의 학술적 가치에 비해 세부적인 명칭 및 시대별 금석문의 존재를 일별할 수 있는 개론서가 흔치 않다. 역서 ≪중국 금석문 이야기≫의 원서인 ≪금석총화金石叢話≫는 중국 중화서국中華書局에서 1991년에 처음 출판하였다. 편폭은 크지 않지만 제목 그대로 금석에 관한 일반적 지식들을 망라한 개론서이다. 저자인 시칩존施蟄存은 2003년 11월에 99세를 일기로 세상을 떠나기 직전까지도 문학과 학술연구에 매진했던 학자로 잘 알려져 있는데, 특히 학술적인 측면에서 금석문 연구에 많은 정력과 공력을 들였다.

　　일반적으로 개론서라면 방대한 분량 때문에 관심을 가졌던 사람들조차도 약간은 질리는 경향이 있는데, 시칩존의 공력이 묻어나는 이 책은 원전의 글자 수가 46,000자에 불과한 군더더기가 전혀 없는 단출한 분량이다. 독자의 입장에서 중국 각 시대의 금석문을 일목요연하게 읽을 수 있고, 개론적 지식을 쌓기에 안성맞춤이라고 하겠다.

참고로 우리나라의 경우에는 청동기에 새겨진 금문은 아직까지 발견되지 않았고, 석각문이 주류를 이룬다. 특히 광개토왕릉비나 진흥왕순수비의 석각문은 고대 서체의 연구에 빼놓을 수 없는 자료이자 내용상 더할 수 없는 가치를 지닌 사료라는 것은 익히 주지하는 사실이다.

신라와 고려시대의 탑비가 불교사 연구에 유일한 자료가 되며, 고려시대의 묘지墓誌 내용은 고려사 자료를 보충하거나 시정하는 데에 큰 가치를 지닌다. 또한 금석문은 서예의 연구 자료로도 귀중히 여겨지고 있다. 이렇듯 각 시대별 대표적인 금석문의 문물과 그 변천과정에 대한 개론적 지식은 학술사나 예술사에서 중요한 의의를 지닌다.

이 역서의 원본은 철저하게 사료에 기초하여 논증한 글로 서술이 딱딱하지만 간결한 문체적 특징을 가지고 있다. 그래서 역서에서는 최대한 우리말의 문장 흐름을 놓치지 않는 범위 안에서 원문의 글자를 하나라도 빠뜨리지 않고자 직역에 가깝도록 번역하였다. 독자들의 이해를 돕고자 전문용어나 역사인물에 대해서 역자의 주석을 가급적 많이 첨가하였다. 동시에 관련 인물에 대해서는 생존했던 시대적 상황의 이해를 돕기 위해 생졸연대를 조사해 첨가하였다. 생졸연대가 알려지지 않은 인물에 대해서는 별다른 표기를 하지 않았다. 그리고 보다 깊은 이해를 원하는 독자들을 위해 인용문의 원문을 역문과 함께 병행하였다.

　이 책을 번역한 역자의 바람은 두 가지 정도로 압축된다. 하나는 저자가 언급했듯이 이 책을 통해 독자들이 금석문의 문물에 좀 더 관심을 가지기를 고대하는 것이요, 다른 하나는 금석문물의 전통적인 용어의 정확한 명칭과 개념을 소개하는 것이다.

　이 역서를 작업한 지 이미 5년의 시간이 흘렀다. 내용도 내용이지만 이런 저런 강의와 잡다한 업무로 짬이 날 때마다 이 책 저 책을 뒤지며 번역 작업을 진행하느라 속절없이 많은 시간을 보내고 말았다. 그래도 다행스럽게도 그간의 고생이 헛되지 않았던지 이 역서가 세상에 빛을 볼 수 있도록 해 준 출판사를 만났다. 출판사에서는 번다한 편집과정에도 역자의 뜻을 최대한 살려주었다. 마냥 고마울 따름이다.

2014년 5월 역자 씀

≪금석총화≫를 읽고 나서 …

한국고대사를 연구하는 한 사람으로써 가장 먼저 부딪치는 문제는 문헌 사료의 부족이었다. 이를 보완해 줄 수 있는 것의 하나가 금석문 자료이다. 금석문은 당시의 사람들이 새겨서 남긴 것이라는 것과 문헌 사료에 보이지 않는 많은 내용들과 새로운 내용들이 들어있어 자료적 가치가 매우 크다. 이러한 금석문 자료들은 한국고대사의 내용을 보다 풍부하게 해 주고 또 한국고대사 연구에 큰 활력소가 되고 있다.

새로운 금석문 자료의 출현이 학계에 준 충격을 잘 보여주는 것이 1971년 무령왕릉에서 출토된 〈무령왕릉묘지석〉이다. 이 묘지석의 출토로 무덤의 주인공이 백제 무령왕이라는 것과 무령왕의 생몰연대를 알 수 있게 되었고, 무령왕릉은 현재까지 확인된 고대동아시아 제왕 무덤 가운데 무덤의 주인공과 구조, 장례절차, 부장품의 내용을 온전하게 또 확실하게 알 수 있는 유일한 무덤이 되었다. 이를 계기로 백제사 연구는 큰 전환점을 맞이하였다.

우리나라 금석문은 중국 금석문의 영향을 받아 만들어졌다. 따라서 금석문에 대한 개념을 비롯하여 각종 금석문 자료를 정확히 이해하기 위해서는 중국 금석문에 대한 이해가 필수적이다. 그러나 방대한 양의 중국 금석문을 체계적으로 정리하는 것은 쉬운 일이 아니다. 따라서 이를 잘 정리한 중국 학계의 연구 성과를 소개하는 것이 매우 필요하다.

본인은 개인적으로도 중국 금석문에 대한 개괄적인 소개서가 있었으면 좋겠다는 바램을 가지고 있었다. 이러던 차에 백수진 교수와 이상천 교수가 ≪중국 금석문 이야기≫라는 제목으로 역주서를 펴냈다. 본 역주서의 원본은 시칩존施蟄存이 1991년 중화서국中華書局에서 펴낸 ≪금석총화金石叢話≫이다.

시칩존은 2003년 99세의 일기로 세상을 떠나기 직전까지 문학과 학술 연구에 매진했던 학자였다. 그는 특히 금석문 연구에 많은 공력을 들여 중국 금석학 연구에 커다란 족적을 남겼다. 본서는 금석에 관한 일반적인 지식들을 망라한 개론서이지만 독자들이 금석문을 일목요연하게 읽을 수 있도록 하여 주목을 받아왔다.

본서의 저자는 저술의 목적을 두 가지로 정하였다. 하나는 금석 문물에 대한 독자들의 흥미를 일으키는 것이었다. 저자는 먼저 금석과 문물과 고고의 개념을 분명히 하였다. 考古(Archaeology)는 주로 선사시대의 상황을 탐구하는 것으로, 문물(Cultural Relics)은 문화유물로서 문자를 새겨 넣은 것이든지 새겨 넣지 않은 것이든지 모두 연구의 대상이 되는 것으로, 금석은 문자를 새긴 것만을 말하는 것으로 정리하였다.

다른 하나는 금석 문물에 관한 많은 전통적인 명사를 소개하고 설명하여 젊은 연구자들이 정확하게 이용해 주기를 바라는 것이었다. 전통적인 명사를 정확하게 이해하는 것은 금석문의 내용과 성격을 파악하는 데 필수적이다. 이러한 관점에서 본서는 비, 첩, 탁본, 비액, 비음. 비측, 비좌, 마애, 조상, 묘지, 탑명, 경당 등과 같은 명사의 개념을 분명히 하고 선진의 금문에서부터 당대의 묘지에 이르기까지 다양한 금석문을 소개하였다.

중국에서 금석문에 대한 관심과 연구는 두 방면으로 정리된다. 하나는 문자학적 관점에서 서체에 중점을 두고 보는 것이다. 서체는 시대마다 유행한 것이 달랐으며, 예술적인 측면에서 아름다움을 추구하였다. 다른 하나는 금석문이 보여주는 내용, 즉 당시의 문물을 연구하는 것이다. 본서는 전자에 더 비중을 두고 정리하였다.

본서는 청동이기彝器에 새긴 금문과 석각비문을 중심으로 하면서 점차 금석학의 범위를 넓혀 다양한 금석문을 '금석소품' 이라는 명칭으로 소개하고 있다. 여기에는 옛 병기에 새겨진 것, 도량형기에 새겨진 것, 옛 동기銅器에 새겨진 것, 옛 거울에 새겨진 것, 화폐에 새겨진 것, 부절符節에 새겨진 것, 도장에 새겨진 것, 와당에 새겨진 것 등을 포함하였다.

이로써 금석학의 자료적 범위는 보다 확충되었다.

　본서가 소개하고 있는 금석문은 선진시대부터 당대까지가 중심을 이루고 있다. 이 기간은 바로 만주와 한반도에서 삼국이 성립하여 발전해 나가던 시기였다. 이 시기에 삼국은 중국의 여러 왕조와 정치적인 교섭과 문화적인 교류를 하면서 새로운 문물을 받아들여 자신의 문화수준을 높였다. 무덤 안에 묘지를 넣는 것, 무덤 밖에 비를 세우는 것, 순수한 곳에 공적을 새긴 비를 세우는 것, 종을 만들면서 종명을 새기는 것 등등이 이를 보여준다. 본문 내용 중에 구양수의 아들 구양통이 쓴 〈천남생묘지명泉南生墓誌銘〉은 당나라 묘지 가운데 최상품이라는 부분이 특히 눈에 들어왔다. 우리학계에서는 이 묘지명을 고구려 말기의 역사 복원에 중요한 자료로 활용하고 있다.

　본서는 금, 석, 비, 첩, 등등의 용어의 개념을 명확히 정리하고 이것이 시대에 따라 어떻게 변하였는가를 밝히고 있다. 이는 우리나라 금석문을 이해하는데 매우 필요하다. 따라서 이 역주서는 금석문과 관련한 다양한 용어들에 대한 개념 정리 등 우리학계의 금석문 연구에 기여하는 바가 매우 클 것으로 생각한다. 또 문자학적 관점에서의 서체 정리는 우리나라 금석문에 쓰인 서체의 내용과 시기를 이해하는데도 기여하는 큰 도움을 줄 것으로 본다.

본 역주서는 금석문에 대한 특별한 지식이 없는 독자들도 부담 없이 읽어내려 갈 수 있도록 쉽게 번역하였다. 또 저자의 주석 이외에 어려운 용어나 역사적 사건에 대해 역주자의 주석을 붙여 독자들의 이해를 돕고 있다. 이는 역주자들이 이번 작업에 얼마나 많은 공을 들였는가를 단적으로 보여주는 것이다.

중국 어학과 중국 문학을 활발하게 연구하면서 중국 문화를 우리나라에 소개하고 있는 백수진 교수와 이상천 교수가 금석학 개론서를 수준이 높으면서도 이해하기 쉽게 역주하여 준 것에 대해 다시 한 번 감사하게 생각한다. 그리고 역주자들이 각고의 노력으로 펴낸 이 책이 금석문에 대한 이해를 높이고 나아가 우리나라 고대사 연구의 수준을 한 단계 끌어올리고 고대문화를 이해하는데 기여하는 바가 크기를 기대해 마지않는 바이다.

2014년 5월
서재에서 단산지를 바라보며
계명대학교 인문대학 사학과 노중국 삼가 씀

1. "금석金石" · "문물文物" · "고고考古"의 함의

"금석金石"이라는 명사의 기원은 아주 오래되었다. ≪여씨춘추呂氏春秋·구인편求人篇≫에서 하우夏禹의 "공적을 금석에 새겼다(功績銘于金石)"고 하였고, 고유高誘의 주注에서 "쇠는 종과 가마솥이고, 돌은 비석(金, 鐘鼎也; 石, 豐碑也)"이라고 한 것으로 보아 금석은 고대인들이 공적을 새겨 넣었던 소재였음을 알 수 있다. 종鐘과 정鼎은 고대의 청동기 가운데 체적이 가장 커서 비교적 긴 명문銘文을 새겨 넣을 수 있었는데, 이 때문에 "종정鐘鼎"은 모든 청동기의 대표가 되었다. 그러나 이런 명사는 지금은 쓰이지 않고 보통 이기彝器[1] 라는 말로 바뀌었다. 종정鐘鼎에 새겨 넣은 문자는 대부분 공적을 기록한 것으로, 글자체는 소전小篆 이전의 대전大篆이었는데, 간혹 주문籀文이라고도 불렀다. 이런 문자를 예전에는 종정문鐘鼎文이라고 했지만 지금은 금문金文이라고 부른다.

진秦 이전까지만 해도 공적을 새겨 넣은 비석은 없었으며, 하우夏禹의 공적이 새겨진 비석도 아직까지 실물이 발견되지 않았다. 구루명岣嶁銘[2]

---

1. 이기(彝器): 고대 종묘(宗廟)에 갖추어 두었던 제기(祭器)를 총칭하는 말이다-역자주.

이라는 이것은 하우夏禹가 황하黃河의 물을 다스릴 때 새긴 석각石刻이라고 전해지는데 후인들의 위탁인 듯하다. 현재 발견된 이기彝器 중에 하우夏禹의 공적을 기리는 명문銘文은 여전히 보이지 않는다. ≪여씨춘추呂氏春秋≫에서 언급한 이 말은 그다지 믿음이 가지 않는다는 것을 알 수 있다. 각명刻銘이 있는 이기彝器는 상대商代 말기에야 비로소 보이는데, 새겨진 글자는 고작 간단한 기물을 만든 사람의 이름 정도이다. 공적을 기술한 명문銘文은 주대周代의 이기彝器에서나 점차 출현한다. 전국戰國 말기에 이르러 이기彝器의 주조가 쇠퇴하면서 더 이상의 이명彝銘은 존재하지 않게 된다.

금문金文을 대체하면서 흥기한 것이 석각문石刻文이다. 현재 보존되고 있는 "석고문石鼓文"은 진秦나라 초기의 석각石刻이다. 후에 진시황秦始皇이 태산泰山·역산嶧山 등 네 곳의 산에 석각石刻한 것이 가장 이른 비판碑版이다. 한대漢代부터 청대淸代에 이르는 2천 년 동안 많은 석각들이 있어 왔는데, 그것들의 내용은 정치적 인물들의 공적을 기술하고 있을 뿐만 아니라 많은 역사적 사회적 사료를 지니고 있다.

금석문자를 연구하는 학문분야의 주요 임무는 고대의 언어문자와 역사를 연구하는 것이다. 이런 학문분야를 "금석학金石學"이라고 한다. 금석학의 창시자는 송대宋代의 구양수歐陽修(1007~1072)로 볼 수 있다.

최근에는 금석학이라는 명사는 너무 낡은 표현이고, 또 과거 금석학자들이 사용한 연구방법도 과학적이지 못한 데다 현대화되지도 못했기 때문에 "문물학文物學"이나 "고고학考古學"이라는 명칭으로 바꿔야 한다고 하는 사람도 있다. 이 견해에 대해 우리는 이 세 가지 명사의 개념을

....

2. 구루명(岣嶁銘): 호남성(湖南省)의 형산(衡山)에 새긴 글이다-역자주.

분명히 해야 할 필요가 있다.

중국에는 현재 두 개의 간행물이 있다. 중국사회과학원이 격월간지 ≪고고考古≫를 주관하고 있고, 문물출판사가 월간지 ≪문물文物≫을 주관하고 있다. 어떤 이들은 이 두 간행물은 명칭은 다르지만 내용이 비슷하고, 또 두 제목 명사의 함의에도 아무런 차이가 없다고 여긴다. 즉 고고학의 대상이 문물이고, 문물의 연구가 바로 고고학이기 때문이다. 이런 관념은 혼동에서 오는 것이라고 생각한다.

≪고고考古≫의 영문 번역명은 Archaeology로, 국제적으로 통용되는 명사이며, 고고학이라는 의미이다. 이런 학문의 연구대상은 선사시대의 문화로서, 인류학人類學·민족학民族學·원시사회학原始社會學 등을 포괄하며, 주로 선사先史시대의 상황을 탐구한다. 금석문자인 상주商周사적의 종류는 엄격히 말해서 이미 고고학의 범위 안에 있지 않다. ≪문물文物≫의 영문 번역명은 Cultural Relics(문화 유물)이다. 이 명사의 함의는 "금석"이라는 글자에 비해 넓다. 모든 고대의 기물들은 문자를 새겨 넣었든 넣지 않았든 모두 연구대상이다. 금석은 본래 문물을 대표할 수 없고 문물도 금석만이 전부가 아니다.

나는 "문물학"이나 "고고학"으로 "금석학"을 대체하는 것에 동의하지 않는다. 이 세 가지의 개념이 각자 다르기 때문이다. 금석에다 문자를 새기는 것을 영어권에서는 Inscription(비문)이라고 부르는데, 중국에서 말하는 "관지款識[3]"에 해당한다. 그러나 관지款識는 동기銅器의 명문만을 가리키는 것으로, 석각문자를 포함하지는 않는다. "관지학款識學"

---

3. 관지(款識): 종과 솥을 가리키는 종정(鐘鼎)으로, 음각(陰刻)한 글자를 관(款), 양각(陽刻)한 글자를 지(識)라고 한다-역자주.

이라는 이 명사는 이미 청대淸代의 서동백徐同柏이 제기했는데, 만약 그 함의를 확대한다면 "금석학"을 "관지학款識學"으로 바꿔 불러도 무방할 것이다. 그러나 나는 영어 사전에서 Inscriptology라는 단어를 찾아 볼 수가 없으니 이를 "학문"으로 간주해야하는지 모르겠다.

저자부기著者附記

금석문물학金石文物學은 구양수歐陽脩에서 잠중면岑仲勉(1886~1961)까지 역대로 연구에 종사하는 학자들이 있었으며, 이들의 연구 성과는 문학·사학 혹은 예술학 쪽에 영향을 끼쳤다. 사회주의 중국이 수립된 후 문물 방면에 종사하는 사람들이 급증했지만 이런 금석문물학 방면은 오히려 푸대접을 받아왔다. 나는 젊은 문물연구자들의 글을 읽을 때마다 이들이 금석학의 전통적인 명사 술어를 잘 모르고 있는 것 같다고 느낀다. 어떤 사람들은 명사를 함부로 조작하기도 하는데, 이는 전통을 계승할 수 없을뿐더러 개념마저 혼동시키는 짓이다. 나는 ≪문사지식文史知識≫이라는 학술지가 발간될 때마다 ≪중국금석문이야기金石叢話≫를 쓰면서 스스로 두 가지의 목적과 임무를 정했었다. 하나는 금석문물에 대한 독자들의 흥미를 일으키고자 했던 것이고, 다른 하나는 금석문물의 많은 전통적인 명사를 소개하고 설명하여 젊은 연구자들이 정확하게 이용해주기를 바랐던 것이다.

"중국금석문이야기"의 각 편은 수많은 금석문물의 명칭을 언급하고 있는데, 어떤 것들은 이미 오랫동안 명명되어 오던 것이었지만, 어떤 것들은 그렇지 않기 때문에 일률적으로 ≪≫기호를 사용하지는 않았다. 다만 처음 설명할 때에만 인용부호로 명기하고 다시 설명할 때는 사용하지 않았다.

2. 비碑

사람들은 일반적으로 문자를 새긴 돌을 비碑라고 부르는데, 이것은 오랫동안 잘못 사용되어 온 개념이다. 비碑라고 하는 이것은 본래 중간 에 둥근 구멍이 뚫린 대형석판이었다. 고대인들은 장례를 치를 때 석판 을 묘혈墓穴의 네 귀퉁이에 바로 세우고 그것을 이용해 굵은 밧줄을 단 단히 고정시킨 다음 천천히 관을 내렸다. 이밖에도 공경대부公卿大夫의 집 앞에 세워놓은 돌이 있는데 말을 매어두는 데에 사용하였다. 이것이 바로 말을 매어 두는 말뚝인 후세의 계마장繫馬樁이다. 종묘사당의 문 앞 에도 돌이 있었는데 제사용 희생을 묶어두는 데에 사용하였다. 이런 돌 들을 비碑라고 총칭하였다. 그래서 ≪설문說文≫에서 "비碑"자의 주해註解 를 "똑바로 세운 돌竪石也"이라고 하였다. 한漢 이전의 고서古書에 나오는 모든 비碑자는 대부분 세워져 있는 이런 석판을 가리킨다.

서한西漢 말기쯤에 이 석판을 이용하여 문자를 새기기 시작한 사람이 있었는데, 무덤 주인의 성명과 관직은 물론 죽은 날짜까지 기술하여 무 덤 앞에 두고서 다시는 철거하지 않았다. 이 물건이 바로 "묘표墓表"라고 불리는 것이다. 현존하는 것으로는 하평河平 3년(BC 26) 8월의 ≪표효우궐명麃孝禹闕銘≫이 있는데, 종래의 연구자들은 묘궐명문墓闕銘文이라고 여겼지만, 나는 그 문장의 글귀가 동한東漢 때 성행하던 묘궐명과 다르다고 생각하기 때문에 그것을 묘표墓表[4]라고 믿는다.

이후 석판에 새기는 글이 점점 많아지면서 무덤주인의 성명·가세·일생과 사업을 자세하게 기술하였고, 찬양하고 애도하는 시詩 구절도 덧붙였다. 이렇게 한 편의 전기傳記가 되어 행인들이 읽어보기만 해도 무덤주인이 어떤 인물이었는지 자세히 알 수 있도록 하였다. 이 석판이 바로 묘비墓碑로 불리는 것이다. 묘비墓碑는 묘표墓表가 발전한 것이다. 이후부터 비碑라는 글자의 뜻이 변한다. 사람들은 비碑란 문자를 새긴 석판이라고 여겼고 문자를 새기지 않은 것은 비碑로 치지 않았다.

사당祠堂은 자손들이 조상을 기념하거나 백성들이 훌륭한 관원을 기념하는 건축물이고, 신묘神廟는 신도들이 성현이나 신선을 기념하는 건축물이다. 이런 건축물 문 앞에 세운 돌에는 주로 제사를 받는 고인의 도덕적 행위와 공적을 새겨 넣었다. 이를 사묘비祀廟碑라고 불렀다.

한위漢魏 시대에 비碑에 대한 관념은 대체로 묘비墓碑와 사묘비祀廟碑 두 가지 종류에만 국한되었고, 그것들의 공통점은 과거의 인물, 즉 실재했던 인물과 신화전설 속의 인물을 기념하는 데에 제한되었다는 것이다. 기타 사물을 기록한 석각의 경우는 보통 비碑라고 하지 않는다. 이 때문에 민간에서는 이 "비碑"라는 글자에 대하여 새로운 해석을 하였다. 사람들은 비碑를 세우는 것이 슬픔을 표시하는 것이라고 여겼다. 우리

....
4. 묘표(墓表) : 묘비(墓碑)와 같다. 묘 앞이나 묘로 들어가는 길 안에 세워 죽은 자를 칭찬했기 때문에 붙인 이름이다.

는 한비漢碑의 명문銘文 중에서 항상 이 의미를 관찰할 수 있다. 진대晉代의 민가民歌 속에는 종종 "함비含碑"를 슬픔을 머금다라는 뜻을 지닌 "함비含悲"의 해성諧聲으로 사용하였다. ≪초학기初學記≫에서는 직접

비碑는 옛일을 슬퍼하는 수단이다.

碑, 所以悲往事也.

라고 언급하였다. 만당晚唐의 육구몽陸龜蒙(?~881)에 이르러서는

비碑라는 것은 슬픔이다.

碑者, 悲也.

라고 더욱 분명하게 언급하였다. 이것이 곧 한위漢魏 이래의 이 개념을 "비碑"자의 의미로 고정시키게 된다.

한비漢碑 ≪북해상경군명北海相景君銘≫에

돌로 만든 범을 세운다.

竪建虎䂵.

라는 구절이 있는데, 이 비䂵 자는 송대宋代의 홍적洪適으로부터 청대淸代의 적운승翟雲升·옹방강翁方綱에 이르기까지 모두 알지 못했고, 모든 자전字典에도 수록되어있지 않다. 나는 이것이 바로 비碑의 속체자俗體字로, 한대 사람들이 슬픔을 나타내는 비悲자를 비석의 비碑로 풀이했던 관념을

반영한 것으로 생각한다. 이 글자를 만약 《설문說文》의 선례를 이용하여 주해註解를 한다면 당연히

기본 구성요소가 석이고, 비悲자에서 소리를 생략한 것이다.
從石, 悲省聲.

라고 해야 할 것이다. 호虎가 무덤 앞의 석호石虎를 가리키는 것이라면 비碑는 곧 묘비墓碑인 것이다.

한비漢碑의 제액題額에 "비碑"자를 사용한 것이 있다. 예를 들어 《교관지비校官之碑》는 율양현溧陽縣의 현장縣長이었던 반건潘乾(생졸년 미상)이라는 사람이 학궁學宮을 세운 것을 기념한 것이고, 《백석신군비白石神君碑》는 상산常山의 재상宰相인 풍순馮巡 등이 백석산白石山의 신을 위하여 제사를 올린 공덕을 기념한 것이다. 이와 같은 여러 가지의 "비碑"자는 모두 이 석판을 가리켜 한 말이지 결코 그 문체를 가리키는 것은 아니다. 그러나 남북조南北朝에 이르러 이 "비碑"자의 의미가 또 변하여 문체를 표시하는 명사가 된다. 《소명문선昭明文選》의 목록 속에는 두 권의 《비문碑文》이 들어있다. 이 분류목록은 치밀한 구상을 거친 것이다. 이는 비석에 새긴 약간의 문장임을 표시한 것일 뿐 아직 이런 문체를 비碑라고 부르지는 않았다. 그러나 그 안에 수록하고 있는 비문碑文 가운데 왕간서王簡棲의 《두타사비頭陀寺碑》라는 문장이 한 편 있는데, 한 불교 사찰에 대해 기술하고 있다. 이것은 《두타사명頭陀寺銘》이라고는 할 수 있어도 비碑라고 할 수는 없다. 한유韓愈(768~824)가 회서淮西의 번진藩鎭이었던 오원제吳元濟(783~817)를 평정한 재상 배도裴度(765~839)의 공

적을 찬미하는 문장을 한 편 썼는데, 이 문장을 비碑에 새기고 자신의 문집에도 이 문장을 《평회서비平淮西碑》라는 제목을 붙였다. 이 때문에 송대宋代의 고문가古文家들은 한유韓愈가 비碑를 문체文體인 것처럼 해서 제목을 가져다 붙인 것은 완전히 잘못된 일이라고 비난하였다. 이 비碑는 평회서비平淮西碑라고 하는 것은 맞지만 이 문장은 《평회서송平淮西頌》으로 제목을 붙였어야 한다는 것이다.

모든 석각을 비碑라고 한다거나 비碑를 문체의 명사로 여기거나 하는 이 두 가지는 다 잘못된 것이다.

3. 첩帖

현재는 비첩碑帖이란 두 글자가 하나의 단어로 되어있어 일반인들은 그것을 하나의 개념으로 알고 있다. 대체로 검은 종이에 쓰인 흰 글자는 사람들에게 습자할 서법의 본으로 공급되는데, 이것들을 모두 비첩碑帖이라고 부른다. 비첩碑帖은 일종의 사물로, 비碑가 첩帖이고 첩帖이 비碑이다. 사실 비碑와 첩帖은 두 종류의 다른 사물이다.

비碑에 관하여 우리는 이미 해석했으므로 그 개념은 대체로 명확해졌다고 하겠다. 현재 이 첩帖이라는 글자를 해석하려고 한다. 최초 의미의 첩帖으로부터 비첩碑帖의 첩帖으로 변화 발전하는 중간에 수백 년의 역사과정이 존재한다. 허신許慎(대략 58~대략 147)의 ≪설문說文≫에서는 첩帖자의 해석을

비단에 글자를 쓴 서표이다.

帛書署也.

라고 하였다. 이 해석은 이해하기가 쉽지 않은데, 유희劉熙(대략 160년에 출생)의 ≪석명釋名≫을 참고해보면 서署라는 글자를 해석하여

문서를 작성하고 봉인하는 것을 서署라 한다.
書文書檢曰署.

라고 하였다. 청淸나라 사람 왕계원王啓原은 현대어로 "문서를 작성하고 봉인한다는 것은 문서의 겉면에 서명을 하는 것"이라고 해석하였다. 이렇게 하여 일반적으로 모든 문서의 겉면에 서명한다고 하는 것은 바로 그것에 표제를 붙이는 것으로, 서署라고 불렀다는 것을 이해할 수 있다. 겉면은 서간書簡의 덮개로서, 고대인들은 검檢이라고 하였다. 만약 백서帛書에 표제標題를 했다면 첩帖이라고 해야 할 것이다. 서署는 이름이고 첩帖은 서署의 일종임을 알 수 있다. 백서의 표제는 대체로 직물을 덧붙였기 때문에 첩帖자의 부수가 건巾이 된 것이다. 당唐나라 서호徐浩(703~782)의 ≪고적기古迹記≫에서 다음과 같이 말하였다.

개원開元 19년 2월에 활주사법참군滑州司法參軍 노기路琦의 집에서 부채에 해서로 쓰인 왕희지王羲之의 글 한 장을 발견하였다. 그 배접한 겉면이 푸른 바탕의 직물이었다. 겉면에 글이 한 줄 쓰여 있고 넓이는 3㎝정도였고, 노란 바탕의 직물이었다.
開元十九年二月, 在滑州司法路琦家得王羲之正書扇書一紙, 其標是碧地織成. 標頭一行, 闊一寸, 黃色織成.

동진東晉의 우장군右將軍 왕희지王羲之의 해서楷書본 네 번째이다.

晉右將軍王羲之正書卷第四.

여기에서 말하는 표두標頭가 바로 첩帖이다. 그러나 서호가 살아있을 때 이 첩帖의 의미는 이미 바뀌었기 때문에 표두標頭라고 했던 것이다.

양梁 무제武帝와 도정백陶貞白(456~536)[5]은 많은 서신을 주고받으면서 서법에 관해 토론했는데, 그 편지에 첩帖자가 자주 보인다. 도정백陶貞白이 양梁 무제武帝에게 보내는 편지에 이렇게 말하였다.

방금 다시 두 권의 범본을 받고서 엎드려 포첩標帖을 보았는데, 모두 성지와 같았습니다.

適復蒙給二卷, 伏覽標帖, 皆如聖旨.[6]

표구가 된 것들은 모두 왕들과 조정의 관원들에게 증정하고자 하였습니다.

帖注出裝者, 皆擬賫諸王及朝士.

소신이 최근에 3권의 서첩을 보았는데, 머리 부분에 본 서첩이 진본에서 분리된 지 오래되었다고 기록되어 있었습니다.

------

5. 도정백(陶貞白): 도홍경(陶弘景)을 가리키며, 정백(貞白)은 시호(謚號)이다-역자주.
6. 적부몽급이권, 복람표첩, 개여성지(適復蒙給二卷, 伏覽標帖, 皆如聖旨): 이 글의 출처는 ≪여양무제논서계(與梁武帝論書啓)≫이다. 역서의 저본에는 "복몽(復蒙)"이 "몽복(蒙復)"으로 순서가 바뀌어 있어 바로 잡았고, 또 "권(卷)"자가 "지(紙)"자로, "표(標)"자가 "표(標)"로 잘못되어 있어 바로 잡았다-역자주.

臣近見三卷, 首帖亦謂久已分本.

무제武帝의 편지에서는 이렇게 말하였다.

이제야 사람을 시켜 표구를 하도록 했지만 아직도 다 만들지 못했다.
今始欲令人帖裝, 未便得付來.

또 **양梁나라 중서시랑中書侍郞 우화虞龢**의 《**논서표論書表**》에서는 이렇
게 말하였다.

범엽范曄이 표구한 서첩은 나은 편이기는 했으나 빼어나지는 않았습
니다.
范曄裝治卷帖小勝, 猶謂不精.

이상의 이러한 첩帖자는 모두 선인들의 묵적墨迹 앞에 제서題署⁷를 가
했다는 의미이다.

머리 부분의 서첩이 오래 전에 이미 진본에서 떨어져 나갔습니다.
首帖亦謂久已分本.

라고 한 구절에서 보면, 이 묵적의 진본은 이미 여러 본으로 나누어져
완전하지 않음을 이 제서題署가 설명하고 있다는 것을 알 수 있다.

....
7. 제서(題書): 비단으로 서첩의 표지를 만들고 자세한 사항을 기록하는 것이다-역자주.

당唐 무후武后 때 무평일武平一이 《서씨법서기徐氏法書記》를 지어 자신이 보았던 몇 권의 왕희지王羲之(303~361, 혹은 321~379) 장초서章草書는

> 그 옆 첩帖에 사용한 해서楷書의 글자 수보다 많았다.
> 多于其側帖以眞字楷書.

라고 하였다. 이는 왕희지王羲之 초서草書의 매 글자 옆에 해서로 주석을 붙인 사람들이 있었다는 것을 말한다. 이 첩帖자의 용법은 이전에 보이지 않았던 것이지만 의미는 제서題署에서 비롯되었다.

제량齊梁부터 초당初唐까지는 선인의 묵적을 첩帖이라고 부르지 않았다. 계수단위로는 일반적으로 지紙·권卷·질帙을 사용한다. 예를 들어 도정백陶貞白이 양梁 무제武帝에게 보낸 편지에서

> 급사황문의 서법 1지, 치렴력의 서법 1지, 치렴력이골방의 서법 1지 등, 이상 4개의 작품은 왕희지의 필적이 아닙니다.
> 給事黃門一紙, 治廉瀝一紙, 後又治廉瀝貍骨方一紙, 右四條非右軍書.

라고 하자 양梁 무제武帝는 회신에서

> 급사황문과 치렴력의 서법 2지는 임정이 쓴 것이다.
> 給事黃門二紙爲任靖書.

라고 하였다. 당唐나라 초기의 저수량褚遂良(596~658)은 황실의 창고인 어부御府에서 보았던 왕희지王羲之의 묵적 목록을 베껴내어 해서楷書인 정서正書 5권과 초서草書 58권으로 나누었는데, 모두 앞머리 글자를 취하여 제목으로 삼았다. 예를 들면 정서正書 제4권의 내용은 다음과 같다.

> 주공동정 열한 줄, 연월일삭 소자 열네 줄, 상상황기 일곱 줄, 묘전병사 다섯줄이다.
>
> 周公東征十一行, 年月日朔小字十四行, 尙想黃綺七行, 墓田丙舍伍行.

초당初唐 때까지만 해도 급사첩給事帖이니 묘전첩墓田帖이니 하는 명사가 없었음을 이로부터 알 수 있다. 그러나 "정서正書는 도합 5권"이라는 이 표제標題 아래의 주석에 "도합 40첩帖"이라고 하고서는 "초서草書 도합 58권" 아래에는 오히려 첩수帖數를 밝히지 않고 있다. 이 첩帖자는 이미 제서題署의 의미에서 계수 단위로 변하였다. 정서正書 5권은 모두 왕희지王羲之의 친필 14단段을 수록하고 있는데, 단段마다 제서題署가 있기 때문에 14첩帖이라고 한 것이다. 지금 전하는 본에 40첩帖이라고 한 것은 분명히 잘못된 기록이다.

대력大曆 4년에 두몽竇蒙이 자신의 형인 기暨의 《술서부述書賦》에 주석을 붙여 당시까지 존재했던 위진魏晉 이래 명가의 필적을 상세하게 기록했는데, 대부분 그 종이의 수량과 행의 수를 거론하고 있다. 예를 들면 왕도자王道子의 필적을 기록하여 "최근에 성과 이름이 있는 행서 한 장을 보았는데, 모두 7행이었다"고 한 것과 같다. 첩帖자를 사용한 것도 있는데, 예를 들면 유량庾亮의 필적을 기록하면서 최근에 초서 다섯 장을 보았는데, 행첩은 모두 8행이었다. 성과 이름이 있는 초서가 또 한 장 있는데, 11행이었다.

今見草書五紙, 行帖共八行. 具姓名草書又一紙, 十一行.

라고 하였고, 또 왕지王志의 필적을 기록하며

최근에 성명이 있는 행서 3첩을 보았는데 모두 7행이었다.

今見具姓名行書三帖共七行.

라고 하였다. 이 기록을 통해 3첩帖은 3지紙와 같지 않다는 것을 알 수 있다. 왜냐하면 모두 7행의 글자뿐이지만 3첩帖으로 나누어져 있고, 한 첩帖은 대략 1단이며, 한 개의 표제이기도 하기 때문이다.

원화元和 3년에 노원경盧元卿은 자신이 보았던 관청의 창고에 남아있던 왕희지王羲之의 필적 한 권을 기록했는데, 표제에 쓰기를

진우장군·회계내사·증금자광록대부·낭야 왕희지는 자가 일소이며 1권 4첩을 쓴다.

晉右將軍會稽內史贈金紫光祿大夫琅琊王羲之字逸少書一卷四帖.

라고 하였고, 또 한 행에서

정관 14년 3월 2일에 신하 채위가 표구한다.

貞觀十四年三月二十三日臣蔡撝裝.

라고 하였다. 이로부터 1단段을 1첩帖으로 삼는 것은 정관貞觀 연간에 이미 사용되었다는 것을 이를 근거로 알 수 있다.

개원開元 10년에 하연지何延之가 ≪난정기蘭亭記≫를 지었는데, 이세민李世民이 방현령房玄齡의 주청으로 감찰어사監察御史 소익蕭翼을 회계會稽로 파견하여 변재화상辯才和尙에게 보내어 난정서蘭亭序 묵적墨迹을 가져오게 한 이야기를 서술하고 있다. 이 이야기 속에서 첩帖자를 사용한 것은 모두 전대前代와 다르다. 다음과 같은 대화가 나온다.

태종太宗께서는 덕치를 행하시고 난 여가시간이면 서법에 전념하셨습니다. 왕희지王羲之의 해서楷書와 초서草書를 연습하셨고, 왕희지王羲之의 서첩書帖을 모조리 사들이셨습니다.

太宗以德政之暇, 銳志玩書, 臨寫右軍眞´草書帖, 購募備盡.

머지않아 왕희지王羲之와 그의 아들 왕헌지王獻之의 잡첩雜帖 서너 통을 얻었습니다.

頃得二王雜帖三數通.

소승에게 진본이 하나 있는데 아주 특별합니다.

貧道有一眞迹, 頗亦殊常.

소익蕭翼이 물었다.

무슨 첩이오?

何帖?

변재辯才가 대답하였다.

난정입니다.
蘭亭.

동시대의 사람 장회관張懷瓘은 ≪서고書估≫에서 이렇게 말하였다.

왕희지王羲之의 초서草書 한 자字는 가치가 100이어서, 초서草書 다섯 자라면 행서行書 한 줄의 가치와 맞먹었고, 행서行書 세 줄은 해서楷書 한 줄의 가치와 맞먹었다. 완전하지 않은 첩帖도 이 같은 가치가 있었으니, 만약 왕희지王羲之의 악의론樂毅論·황정경黃庭經·태사잠太師箴·동방삭화찬東方朔畵贊 등의 경우 온전한 첩帖을 얻었다면 바로 국보로 여겨져 글자 수에 따라 가치를 논할 수 없었을 것이다.

大王草書字直一百, 五字乃敵一行行書, 三行行書敵一行眞正. 偏帖則爾, 至如樂毅·黃庭·太師箴·畵贊等但得成篇, 卽爲國寶, 不可計以字數.

이에 근거하면, 그 당시 왕희지王羲之의 자잘한 서찰은 편첩偏帖으로 간주되었지만, 악의론樂毅論과 황정경黃庭經 등의 온전한 묵적墨跡은 당연히 정첩正帖으로 간주되었다는 것을 알 수 있다. 이상의 이런 첩帖자들은 이미 순수한 명물사名物詞로, 그것에다 다음과 같은 새로운 해석을 할 수 있다.

대체로 고인이나 명인의 서법이 사람들에게 따라 쓸 수 있게 제공될 수 있었던 것을 일컬어 첩帖이라고 한다.

凡古人名人書法之可以供人臨寫者, 謂之帖.

이러한 용법의 첩帖자가 개원開元 혹은 좀 더 이른 시기에 처음 보이지만 태종太宗과 고종高宗 때에는 확실히 보이지 않았던 것 같다. 하연지何延之의 문장 중에 사용하고 있는 첩帖자는 모두 정관貞觀 연간 문인들의 언어는 아니다.

당말唐末, 특히 건부乾符 연간에 이르러 장언원張彦遠(815~907)은 ≪우군서기右軍書記≫를 지어 자신이 평생 보았던 왕희지王羲之 서書 465첩帖의 전문을 기록하였다. 그 첫 부분이 바로 ≪십칠첩十七帖≫이다. 장씨張氏는 서문에다 이렇게 적었다.

십칠첩十七帖이라고 부르는 이유는 책머리에 십칠일十七日이라는 몇 개의 글자가 있기 때문에 그렇게 부른 것이다. 왕희지王羲之와 아들 왕헌지王獻之의 서법의 경우에도 후인들이 첩帖 안의 중요한 글자를 따서 첩의 명칭으로 나타낸 것이라고 했는데, 대부분 책머리의 두세 개 글자나 첩帖머리의 두세 개 글자를 취하였다.

十七帖者, 以卷首有十七日字故號之. 二王書後人亦有取帖內一句稍異者, 標爲帖名, 大約多取卷首三兩字及帖首三兩字也.

이 소서小序는 우리들에게 표제標題와 첩명帖名이 후인들의 일임을 말해주는 매우 중요한 단서이다. 우리는 현재 첩帖자의 용법이 개원開元과 천보天寶 연간에 점점 바뀌었다는 사실을 고찰하였다. 하연지何延之의 문장에서 ≪난정첩蘭亭帖≫이라는 이 명칭이 당시에 이미 성립되었다는 것을 추측할 수 있다. 장언원張彦遠의 기록에 또 ≪십칠첩十七帖≫이라는 말이 출현하는데, 그가 언급하고 있는 "후인後人"은 틀림없이 개원開元과 천보天寶 연간 이후의 사람들을 가리키고 있다는 것을 알 수 있다.

비碑는 석각石刻으로, 그 문자를 탁본하여 습자하는 데에 제공되었다. 첩帖은 흰 명주천이나 종이로 된 묵적으로, 그 문자를 본떠 습자하는 데에 제공되었다. 비본碑本은 검은 종이에 흰 글자로 나타나고, 첩본帖本은 흰 종이(혹은 황색 종이)에 검은 글자로 나타난다. 이것이 당唐나라 때 사람들이 알았던 비첩碑帖의 구분이다.

글자를 본뜨는 향탑響搨은 시간이 매우 많이 걸리는 기술로 원본으로부터 첫 번째 탁본을 떠내고, 다시 이 첫 번째 탁본에서 두 번째 탁본을 떠내는 것이다. 여러 사람들이 돌려가며 본을 떠다 보면 틀림없이 시간이 갈수록 참모습을 잃게 된다. 이 때문에 비碑를 새기는 각비刻碑의 방법을 모방하여 원본을 돌 위에 새기는 사람도 있었다. 당唐 현종玄宗 이융기李隆基(685~762)는 ≪난정서蘭亭序≫를 백옥에 새겨 학사원學士院에 두고, 탁본을 만들어 조정의 신하들에게 하사하였다고 한다. 오대五代 석진石晉[8] 때 거란契丹이 장안長安으로 침입했을 때, 이 돌은 야율덕광耶律德光(902~947)이 가져갔다. 정주定州에서 야율덕광耶律德光이 죽으면서 이 돌은 민간으로 떠돌게 되었는데, 이학구李學究라는 선비의 손에 들어가게 된다. 송宋 초기에 송기宋祁(998~1061)라는 사람이 정주定州에서 벼슬할

---

8. 석진(石晉): 후진(後晉)의 다른 이름으로 석경당(石敬瑭)이라는 사람이 세웠다고 하여 그 성을 따 이렇게 부르기도 한다-역자주.

때, 수소문 끝에 이 돌을 찾아내어 관청의 창고에 보관하게 된다. 이렇게 하여 탁본이 세상에 전해지게 되었는데, ≪정무난정定武蘭亭≫이라고 하였다.

≪난정서蘭亭序≫의 탁본은 검은 종이에 흰 글자였는데도 그것을 ≪난정첩蘭亭帖≫이라고 했기 때문에 그래서 비碑와 첩帖의 개념이 뒤섞이게 되었다. 남당南唐의 후주後主 이욱李煜(937~978)이 고대 명가의 필적을 모아 돌에 새기고서 ≪징심당첩澄心堂帖≫이라고 부른 적이 있는데, 이것이 총첩叢帖[9]의 시작이다. 이 첩帖은 전해지지 않는다. 송宋 태종太宗 조광의趙光義(939~997)[10]도 서법을 좋아하였다. 그래서 사람을 파견하여 유실된 역대 서법에 관한 책들을 민간에서 사들여 10권으로 엮어 순화淳化 3년(992)에 대추나무로 만든 목판에 새긴 다음 궁궐 안에 보관시켰는데, 재상과 대신들만이 탁본을 받는 특혜를 누렸다. 이것이 바로 현재 ≪순화각첩淳化閣帖≫이라고 불리는 것으로, ≪각첩閣帖≫이라고 약칭되기도 한다. 이로부터 대대로 총첩叢帖으로 엮어 판각하는 사람들도 있어왔다. 명明의 진미공陳眉公(1558~1639)[11]이 ≪만향당첩晚香堂帖≫을 판각하고, 동기창董其昌(1555~1636)이 ≪희홍당첩戲鴻堂帖≫을 판각하였으며, 청淸의 건륭乾隆 황제가 ≪삼희당첩三希堂帖≫을 판각하였다. 그래서 첩帖자의 의미가 또 발전하게 되는데, 대체로 많은 명가들의 필적을 돌이나 목판에 조각한 것을 모두 첩帖으로 부르게 된 것이다.

---

9. 총첩(叢帖): 고금의 비첩을 모아 인쇄한 것을 말한다—역자주.
10. 조광의(趙光義): 송조(宋朝)의 두 번째 황제였다. 본명은 조광의(趙匡義)였는데, 후에 그의 형인 태조(太祖)의 이름을 피해 조광의로 고쳤던 것이다. 즉위한 후 이름을 조경(趙炅)으로 바꾸었다—역자주.
11. 진미공(陳眉公): 명대의 문학가이자 서화가로, 본명은 진계유(陳繼儒)이다. 자는 중순(仲醇)·미공(糜公), 호는 미공(眉公)이었다—역자주.

비碑와 첩帖의 첫 번째 의미는 이미 혼동되었다. 현재 그것들을 구분하려면 다른 특징을 찾는 수밖에 없다. 비碑에 새겨진 것이 전기문傳記文이라면, 그것은 역사문헌 삼아 새긴 것이지 결코 서법의 아름다움을 사람들의 습자용으로 제공하기 위해 새긴 것은 아니다. 첩帖이야말로 사람들에게 습자용으로 제공하기 위해 새긴 것이다. 이러한 구별은 원래 누구나 알 정도로 분명하였다. 그러나 비碑에 새겨진 글자는 모두 당시의 유명 서예가들이 쓴 것들로, 각비刻碑의 본의가 비록 서법을 위한 것이 아니었지만 후세에 이르면서 비문碑文은 그 역할을 상실하고 만다. 그 필적은 서법을 배우는 자들에게 오히려 중시되었기 때문에 실제로 이 비碑는 이미 첩帖의 역할만 남아있었을 뿐이다. 예를 들어 우세남虞世南(558~638)이 쓴 ≪공자묘당비孔子廟堂碑≫의 경우, 오늘날 우리는 그것의 필적만 중시할 뿐 이 문장의 내용은 돌아보지 않는다. 서예를 배우는 사람들은 ≪묘당비廟堂碑≫의 습자를 비문碑文의 모사인 임비臨碑라고 하였고, ≪난정서蘭亭序≫의 습자를 첩문帖文의 모사인 임첩臨帖이라고 하였다. 전문가들은 이런 구별을 할 수 있지만 일반인들은 임첩臨帖이라는 말로 통합하여 불렀다. 이 뿐만 아니라 송宋 이래로 많은 사람들이 비碑를 아예 첩帖이라고 하였다. 예를 들어 ≪석고문石鼓文≫과 ≪진태산석각秦泰山石刻≫은 모두 비碑인데도 진관秦觀(1049~1100)[12]은 자신의 ≪법첩통해法帖通解≫에서 ≪사주·이사이첩史籒李斯二帖≫이라고 하였다. 이로부터 비첩碑帖이라는 명사는 거의 단일한 개념이 되었다.

....

12. 진관(秦觀): 자가 태허(太虛) 또는 소유(少遊)였고, 별호가 한구거사(邗溝居士)였다. 세상에서는 회해선생(淮海先生)이라고 불렀다. 북송(北宋) 때의 사람으로 관직은 태학박사(太學博士), 국사관편수(國史館編修)에 이르렀다—역자주.

그러나 청대淸代 중엽에 이르러 포세신包世臣(1775~1855)이 ≪예주쌍즙藝舟雙楫≫을 지어 서예가들에게 임비臨碑를 많이 하고 임첩臨帖을 적게 하라고 강조하였다. 그는 비碑의 글자는 단정하고 강건한 기세가 넘치는 전서篆書·예서隷書·해서楷書가 대부분이고, 첩帖의 글자는 기세가 부드러운 행서行書와 초서草書가 대부분이라고 여겼다. 서예를 배우려면 마땅히 비문碑文 모사로부터 입문하여 강건한 기초를 다진 다음, 행서行書와 초서草書를 배워 기세가 약해지지 않도록 해야 한다고 생각하였다. 그는 비碑가 모두 중원中原의 고각古刻이라고 여겼다. 특히 북위北魏 비碑의 서법을 중시했기 때문에 그는 비碑의 글자를 북파서법北派書法의 대표라고 여겼고, 첩帖은 대부분 남조南朝 문인들의 필적이어서 그는 첩帖의 글자를 남파서법南派書法의 대표라고 여겼다. 북비남첩北碑南帖은 서법예술의 새로운 단어가 되었고, 그래서 비첩碑帖 두 글자가 또 새로운 의미를 탄생시켰다. 어떤 사람이 비문碑文을 모사했다고 한다면 이는 그가 전서篆書·예서隷書·해서楷書로 썼음을 말하고, 만일 어떤 사람이 첩문帖文을 모사했다고 한다면 이는 그가 행서行書·초서草書로 썼음을 말한다.

4. 탁본拓本

    종이와 먹으로 동기銅器와 석비石碑에서 찍어낸 문건의 경우, 종이는 먹물에 의해 검게 물들고, 글자가 있었던 곳은 흰색이 되는데, 이런 검은 종이에 흰 글자를 지금은 탁본이라고 한다. 이 탁拓자는 의미가 분명하지 못하며 그 기원도 모른다. 게다가 이 탁拓자라는 명사도 그 발생이 결코 빨랐던 것은 아니고 대략 남송南宋 때에나 있게 된다. 고자古字와 고어古語 사용을 좋아하는 사람은 종종 탑본搨本을 쓴다. 탁본拓本은 탑본搨本의 음역인 것 같다. 그러나 그 본의本義에 따르면 그것들은 실제로 서로 다른 두 가지이다.

    소연蕭衍(464~549)이 세운 양梁나라 때 중서시랑中書侍郎 우화虞龢는 ≪논서表論書表≫에서 다음과 같이 말하였다.

    이로부터 글씨를 본뜰 때는 모두 얇은 종이를 사용하였다. 두께가 균일하지 않으면 쉽게 주름이 생기기 때문이다.

    由是搨書悉用薄紙. 厚薄不均, 輒好縐起.

또 ≪남부신서南部新書≫에서 다음과 같이 말하였다.

난정첩의 경우 무덕 4년(621)에 구양순이 월땅의 승려에게 가서 구했는데, 처음에는 진왕부에 두었다. 마도숭이 명을 받들어 두 본을 탑본한 후, 한 본은 변재화상에게 보내고 한 본은 진왕부에 남겼다. 마도숭 자신도 개인적으로 한 본을 탑본하였다.

蘭亭帖, 武德四年歐陽詢就越僧求得之, 始入秦王府. 麻道崇奉勅搨兩本, 一送辯才, 一秦王自收, 崇私搨一本.

또 하연지何延之가 ≪난정기蘭亭記≫에서 다음과 같이 말하였다.

태종이 명을 받들어 탑본을 제작하는 공봉탑서인 조모·한도정·풍승소·제갈정 등 네 명에게 명을 내려 각자 몇 본씩을 탑본하게 하고는 이를 황태자·제왕·근신들에게 하사하였다.

帝命供奉搨書人趙模·韓道政·馮承素·諸葛貞等四人各搨數本, 以賜皇太子·諸王·近臣.

또 두기竇臮[13]는 ≪술서부述書賦≫에서 다음과 같이 말하였다.

계초는 성과 이름을 숨기고 행서를 힘껏 쓰고 탁본하여 크게 알려졌다.

季初則隱姓名, 展纖勁, 寫搨共傳, 賞能之盛.

----

13. 두기(竇臮): 당 천보(天寶) 연간의 서예가이다-역자주.

주석에 다음과 같이 말하였다.

> 양조는 자가 계초이다. 지금 그의 초서 필적 한 장을 볼 수 있는데, 도합 10행이다. 옛 관청의 명단은 있어도 성명은 없지만 지금은 모두 전해져 탑본된다.
>
> 楊肇, 字季初. 今見草書一紙, 共十行. 有古署榜, 無姓名, 今共傳搨之.

이것은 진조晉朝의 서예가 양조楊肇의 초서草書임을 말하는 것으로 현재 한 장이 존재하는데 10행의 글자가 있다. 고인의 제첨題簽[14]에서는 양조楊肇의 필적이라고 설명하였으나 양조楊肇 자신의 서명은 없다. 이 한 장의 초서草書는 많은 사람들이 서로 돌려가며 본떴는데, 제량齊梁에서 당대唐代까지 많은 사람들이 탑搨자를 사용한 것은 모두 탁拓자와는 다르다. 당인唐人들이 말하는 탑본搨本이라는 것은 후세에 말하는 탁본拓本과는 다른 것이다.

≪난정서蘭亭序≫와 같은 이런 유명한 고인의 글씨는 당시에 촬영해서 복제할 수 있는 카메라도 없고, 그것을 순식간에 형상화시킬 수 있는 인쇄술도 없어 그저 원본에 종이를 대고 그려 옮기는 것이 유일한 방법이었다. 그래서 얇은 종이로 원본 글씨 위에 덮고 세심하게 그려내어야 했던 것이다. 이러한 작업방법을 탑搨이라고 불렀다. 탑본搨本이라고 하는 것은 바로 영사본影寫本을 말한다. ≪신당서新唐書·백관지百官誌≫에 기록하기를 궁중 집현전集賢殿 서원書院에 탑서搨書 6인이 있고, 홍문관弘文館에 탑서搨書 3인이 있으며, 이런 사람들의 전문적인 직무는 고인들의 글

---

14. 제첨(題簽): 선장본(線裝本) 표지에 책이름을 써서 붙인 종잇조각을 말한다─역자주.

씨를 영사하는 것이라고 하였다. 조모趙模 등 네 명이 바로 당唐 태종太宗 때 유명했던 탑서搨書의 전문가였다.

탑搨은 본뜬다는 의미의 모摹[15]라고도 부른다. 송인宋人 황백사黃伯思의 ≪동관여론東觀餘論≫에 두 가지 모사의 방법을 논한다는 ≪논임모이법論臨摹二法≫이라는 문장이 한 편 있는데, 글자 수가 많지 않아 지금 이곳에 싣는다.

세상 사람들은 임臨과 모摹의 구별을 잘 알지 못한다. 임臨은 종이를 고첩의 옆에 두고 글자의 형세를 보고서 배우는 것을 말하는데, 깊은 연못에 가까이 임한다는 임연臨淵의 임臨과 같다고 해서 이를 임臨이라고 했던 것이다. 모摹는 얇은 종이를 고첩 위에 덮고 글자의 대소에 따라 본뜨는 것을 일컫는다. 그림을 보고 베낀다는 모화摹畵의 모摹와 같은 뜻이어서 모摹라고 일컫는 것이다. 또 두꺼운 종이를 자첩 위에 대고 찍어내는 것도 있다. 밝은 창 앞에 가면 그림자가 생기는데 이를 모사하는 것으로, 향탑響搨이라고 한다. 필적을 따라 모사하는 임臨과 필적을 복제하는 '모摹', 이 두 가지는 완전히 다른 것이니, 혼동해서는 안 된다.

世人多不曉臨摹之別. 臨, 謂以紙在古帖旁觀其形勢而學之, 若臨淵之臨, 故謂之臨. 摹, 謂以薄紙覆古帖上隨其細大而搨之, 若摹畵之摹, 故謂之摹. 又有以厚紙覆帖上, 就明牖影而摹之, 又謂之響搨. 臨之與摹, 二者迥殊, 不可亂也.

여기서 임첩臨帖과 탑첩搨帖의 구별을 설명하였다. 임臨은 붓글씨의

---

15. 모(摹): 혹은 모(模)라고도 한다-저자주.

학습방법을 위한 것이고, 탑揚이나 모摹는 복제를 위한 것이다.

향탑響揚에 관하여 송인宋人 조희곡趙希鵠은 자신의 ≪동천청록집洞天淸
錄集≫에서 다음과 같이 설명하고 있다.

> 종이를 비석에다 붙이고 빛이 드는 밝은 창가에서 가는 유사필로 자획
> 에 따라 윤곽을 본뜨고, 그 안을 진한 먹물로 채우는데, 이를 향탑響揚이라
> 고 한다. 그러나 묘사한 윤곽이 희미하고, 글씨도 선명하지 않지만 쉽게 판
> 별할 수 있다.
>
> 以紙加碑, 貼於窓戶間, 以遊絲筆就明處圈却字畫(劃), 塡以濃墨, 謂
> 之響揚. 然圈隱隱猶存, 其字亦無精彩, 易見.

그가 언급한 것은 비문碑文을 모사하는 것이었지만 방법은 묵적을 필
사하는 것과 똑 같다. 먼저 글자마다 필획의 가장자리 윤곽을 따라서 속
이 빈 글자인 공심자空心字를 쓴 다음 먹물을 채운다. 당인唐人들이 ≪난
정서蘭亭序≫를 탑본揚本할 때 대략 이 방법을 사용하였다. 공심자空心字를
곽廓이라고 한 것은 글자의 윤곽이라는 뜻이다. 윤곽에 먹물을 채우는
것을 윤곽 채우기, 즉 곽진廓塡이라고 한다. 당인唐人들이 글자를 탑본揚本
할 때는 대부분 곽진廓塡을 했기 때문에 후인들에게 진적眞迹으로 오해하
게 만들었다. 송인宋人들이 옛날의 비석을 탑본揚本했던 것은 위조하는
데에 그 뜻이 있었던 것은 아니었다. 또 비석의 글자는 본래 흰색으로
되어있어 먹물을 채울 필요가 없었다. 그래서 이런 탑본揚本을 쌍구본雙
鉤本[16]이라고 불렀다. 황백사黃伯思(1079~1118)는 낙양洛陽에서 저수량褚

---

16. 쌍구본(雙鉤本): 글자의 테두리만 그어 속은 비도록 하는 필법이다-역자주.

遂良(596~659)이 탑본했던 《황정경黃庭經》을 본 적이 있는데, 그곳에서

윤곽 처리만 하고 먹물을 채우지 않았지만 필세가 아주 뛰어났다.

單廓未塡, 筆勢精善.

라고 하였다. 쌍구본雙鉤本 역시 당唐나라 초기에 이미 있었지만 아주 보기 드물었음을 알 수 있다.

종이와 먹물을 사용하여 석각의 문자를 탁본하는 이 일은 어느 시대에 시작되었는지 모른다. 동한東漢 말년에 채옹蔡邕이 석경石經을 새기자 태학생太學生들도 베껴 쓰고 이로써 자신의 독본讀本을 교정하였다. 사서史書에서는 그들이 탁본을 얻었다고 언급하지 않았다. 후위後魏(386~534) 때 역도원酈道元(대략 470~527)은 《수경주水經注》를 지어 자신이 보았던 2백여 개의 옛 비석들을 기록했는데, 모두 자신이 비석 앞에서 발췌한 것이거나 기억에 의존해 서술한 것들이지 자신이 비문碑文을 탁본했다는 말은 없다. 그러나 《수서隋書·경적지經籍志》에는 진시황제秦始皇帝가 동쪽으로 회계會稽지역을 순행한 것을 돌에 새겼다는 《진황동순회계각석문秦皇東巡會稽刻石文》이라는 각석문刻石文 1권, 또 《일자석경一字石經》주역周易·상서尙書·노시魯詩·의례儀禮·춘추春秋 등 34권이 있고, 또 《삼자석경三字石經》상서尙書·춘추春秋 등 17권이 기록되어 있다. 이런 것들은 모두 양梁나라 궁중에서 남긴 잔여물이다. 우리는 그것들을 영사본影寫本이 아니라 탁본이라고 확신해도 될 듯하다. 그러니 남조南朝는 제량齊梁시대 때에 이미 지묵紙墨으로 비문碑文을 탁본했을 것이다. 그러나 석경石經은 모두 낙양洛陽에 존재했지 제량齊梁의 판도 안에 있지도 않았는데 어째서

남조南朝에는 석경石經의 탁본이 있고 북조北朝에는 없는 것일까? 이것이 의문의 하나이다.

중당中唐 이후로 타비打碑라는 단어가 출현하였다. 이조李肇(대략 813년 전후 생존)의 ≪국사보國史補≫는 이렇게 말하였다.

당唐 덕종德宗 이적李適이 동궁의 태자로 있었을 때 평소 애주사마崖州司馬 양염陽炎(727~781)과 알고 지냈다. 일찍이 명을 내려 양염陽炎이 지은 ≪이해락비李楷洛碑≫를 탁본하여 벽에 걸어두고서 감상하였다.

德宗在東宮, 雅知楊崖州. 嘗令打李楷洛碑, 釘壁以玩.

서안西安에 당대唐代의 존승다라니경당尊勝陀羅尼經幢이 있는데, 그 마지막 줄에 이렇게 새겨져 있었다.

원화 8년(813) 8월 5일 나라연이라고 하는 여제자가 존승다라니경이 새겨진 비를 탁본하여 널리 뿌리자 모두가 갖기를 원하였다.

元和八年八月五日女弟子那羅延尊勝碑打本散施, 同愿受持.

이 글의 의미는 나라연那羅延이라고 하는 한 여신도가 경당經幢[17]을 세웠는데, 이 기둥에서 경문經文의 묵본墨本을 찍어내어 대중에게 뿌렸다는 것이다. 이 "타본打本"이라는 두 글자가 바로 "몇 본을 탁본한다"는 뜻이다. 청淸나라 초기에 주풍朱楓이 "옹주금석기雍州金石記"를 짓고는 이 비碑의 이름을 ≪존승비타본尊勝碑打本≫이라고 했다는 것은 그가 "타본打本"

....
17. 경당(經幢): 경전을 새긴 돌기둥을 말한다~역자주.

이라는 두 글자의 의미를 이해하지 못했다는 것을 알 수 있다. 동시에 "타본打本"도 하나의 명사가 되었다. 두몽竇蒙은 ≪술서부述書賦≫주석에서 이렇게 말하였다.

주나라의 선왕이 비석 열 개를 찾아내었는데, 위에는 전서로 된 문장이 있었다고 한다. 지금은 타본만이 전한다.

周宣王獵碣十枚, 上有篆文, 今見打本.

이로부터 "타본打本"이야말로 당인唐人들이 비석탁본碑拓을 칭했던 바른 이름正名이었다는 것을 알 수 있다.

송대宋代에 이르러 구양수는 ≪후한무반비後漢武班碑≫의 후서後序라 할 발문跋文에서 말하였다.

나중에 다른 탁본을 얻었는데, 탁본이 대체로 분명하여 비로소 그 한두 가지가 식별될 수 있었다.

後得別本, 模搨粗明, 始辨其一二.

또 후한 광화光和 4년(181)에 이루어진 ≪후한효갱군신사비後漢肴阬君神祠碑≫의 발문에서 말하였다.

시군施君은 섬서도전운사陝西都轉運使인데, 날 위해 이 저본을 탁본하였다.

施君爲陝西都轉運使, 爲余摹此本.

또 ≪당중흥송唐中興頌≫의 발문에서 말하였다.

탁본의 횟수가 많아지면서 비석도 훼손되었다.

模打旣多, 石亦殘缺.

여기에서 구양수歐陽脩가 사용한 모摹·모模·탑搨·타打라는 글자는 모두 동의사同義詞로서 비석 탁본을 가리켜 말한 것이지 글씨나 그림을 비치게 받쳐 놓고 그 위에 덧쓰거나 그리는 영사影寫는 아니었다. 대략 송대宋代에 이르러 고인들의 글씨가 모두 석각 혹은 목각의 방법으로 세상에 전해지게 되자 더 이상 당인唐人들의 탁본방법을 사용하지 않게 되었다. 그래서 송인宋人들이 탑본搨本이니 모본摹本이니 하는 말은 이미 당인唐人들이 말했던 타본打本과 동일한 뜻이 되었던 것이다.

그러나 구양수歐陽脩의 책 속에서 나는 "탁본拓本"이라는 명사를 발견하지 못했다. 조금 뒤의 황백사黃伯思(1079~1118)에 이르러 그는 ≪발유관비跋劉寬碑≫에서 말하였다.

이 때문에 공인에게 명령하여 두 개의 비문 및 음문[18]을 찍어내어 세 권으로 묶었다.

因令工椎拓二碑及陰文, 裝爲三帙.

이로부터 "추탁椎拓"이라는 단어가 출현하였다. 추椎는 나무망치로 종이를 두드려 비석의 글자에 들어가도록 하는 것이고, 탁拓은 펠트 꾸

18. 음문(陰文): 글자 획이 돋게 새긴 글자를 말한다-역자주.

러미로 종이 위에 먹을 칠하는 것이다. 추椎와 탁拓은 모두 비문碑文을 탁본하는 순서로, 추椎의 목적은 탁拓을 하기 위해서이다. 탁본拓本이라는 명사가 바로 이로부터 만들어진 것이다.

이 때문에 탁본拓本과 탑본搨本을 그 본의에서 따져보면, 원래는 서로 다른 것이었는데 현재는 혼동해서 쓰고 있다. 어떤 이는 "탑본搨本"이란 말은 예스럽고 우아한 맛이 부족하다고 해서 "탈본脫本"이라는 말로 바꾸어 사용하기도 하였다. 이 단어는 당唐나라 때의 시인 위응물韋應物의 돌북을 노래한다는 ≪석고가石鼓歌≫에서 나왔다.

> 공인에게 젖은 종이로 그 글자 찍어내게 하자,
> 치고擊 쓸자掃 글자의 흑백이 분명해졌네.
> 令人濡紙脫其文,
> 旣擊旣掃黑白分.

이는 그가 장인匠人에게 종이를 적셔 석고 위의 글자를 찍어내게 한 것으로, 치고擊 쓸다掃는 것은 바로 두드리고椎 박는 것拓이다. 또 어떤 이는 탈본脫本을 태본蛻本으로 고치기도 했는데, 비석 위에 새긴 글자를 종이에다 베껴낸다는 뜻으로, 흡사 가을에 매미가 허물을 벗는 것과 같다고 하여 이렇게 불렀다.

5. 비액碑額·비음碑陰· 비측碑側·비좌碑座

하나의 비碑는 몇 개 부분으로 나눌 수 있다. 비석碑石의 상단은 비문碑文의 제목을 새기는 곳으로 "비액碑額" 또는 "비두碑頭"라고 한다. 아래 장방형은 비문碑文을 새기는 곳으로 "비면碑面"이라고 하며, 그것의 뒷면은 "비음碑陰"이라고 한다. "비음碑陰"이라는 명사가 생겨나면서 "비면碑面"을 "비양碑陽"이라고 한 사람도 있었지만 이 명사는 일반적으로 채용되지 않았다. 비碑는 하나의 석판石板으로 두껍거나 얇거나 하였다. 두꺼운 비판碑版은 양쪽이 상당히 넓어서 글자를 새기는 데에도 이용할 수 있는데, 이 부분을 바로 "비측碑側"이라고 한다. 비문의 첫 행에 가까운 측면을 "우측右側"이라고 하는데, 비문의 끝 행에 가까운 측면을 "좌측左側"이라고 한다.

초기의 비碑는 비액費額과 비면碑面이 하나로 연결된 온 덩어리 석판이었다. 한비漢碑는 모두 작은 편이었는데 위진魏晉 이후로 갈수록 커졌다. 당대唐代에 이르러 비碑의 제작이 점점 정교해진다. 비액費額과 비면碑面은 두 덩어리의 석판을 사용하여 짜 맞춘다. 비액費額의 정면은 모두 정교한 용이나 화초 문양을 조각한다. 그 넓이와 두께는 모두 비면보다 더 크게 하여 비와 눈이 직접 비면碑面을 적시지 못하도록 보호하는 역할을 한다. 들판에 서 있는 수많은 당비唐碑의 경우 상반부의 글자는 지금까지도 완전하지만 마모되고 파손된 곳은 대부분 하반부이다. 비록 일부가 농민들이나 목동들에 의해 깨졌다고 해도 넓고 큰 비액碑額의 역할은 아주 분명했던 것이다. 비액碑額과 비면碑面이 두 덩어리로 나누어진 후로 아래쪽의 덩어리를 "비신碑身"으로 불렀다.

비碑마다 아래는 일단의 공백을 두고 글자는 새기지 않는다. 지상에 비석을 세울 때 이 부분이 바로 땅에 묻힌다. 세월이 흘러 비석이 땅 속으로 가라앉으면서 점차 매 행의 가장 아래 부분 몇 글자가 묻히게 된다. 이 때문에 고탁본古拓本은 종종 전체 행을 다 찍어낼 수 없어 행마다 한두 자 혹은 서너 자가 빠졌던 것이다. 명明·청淸 이래의 금석고고의 전문가들은 종종 사람들을 고용하여 침하된 비석을 들어 올리거나 주변의 흙을 파헤쳤는데, 이를 "승비升碑"라고 하였다. 승비升碑한 날은 탁본한 시기를 나타내는 것이기도 했기 때문에 고탁본에 "승비 전 탁본(升碑前拓)"과 "승비 후 탁본(升碑後拓)"이라는 구별이 생겨났다.

비석의 침하를 방지하기 위해서 종종 장방형 혹은 방형의 평면 석판을 따로 만들고 비석의 넓이와 두께에 따라 돌출된 홈을 판 다음 거대하고 육중한 비석을 홈에 끼워 넣어 땅 위에 세웠는데, 비석의 바닥이라고 할 비저碑底의 면적을 크게 했기 때문에 쉽게 침하되지 않았다. 높은 받침대라 할 석돈石墩을 만들 경우에는 여러 가지 서로 다른 형식이 있을 수 있었는데, 통칭하여 "비좌碑座"라고 하였다. 당대唐代의 대비大碑나 어비御碑[19]의 경우 비좌碑座에 큰 거북이를 새겼다. 거북이 등에 홈을 파고 비신碑身을 홈 위에 세웠다. 이 거북이에게는 "비희贔屭"라는 고유의 이름이 있었다. 전설에 용이 아들 아홉을 낳았는데 그 한 명이 비희贔屭라고 하였다. 힘이 가장 세서 무거운 짐 지기를 좋아했다고 한다. 그래서 후세 사람들은 이 신화에 근거해 큰 거북이를 조각하여 비좌碑座로 사용하였다. 비좌碑座는 "비부碑趺"라고도 하였다. 부趺가 발뒤꿈치(脚跟)이니, 비부碑趺는 비의 발뒤꿈치로, 비석이 바로 서 있도록 유지해 주는 역할을 한다. 거북이를 조각한 비부碑趺를 "귀부龜趺"라고 했는데, 거북이 모양의 비부碑趺라는 뜻이다.

한비漢碑의 형식은 고대 "폄석窆石[20]"의 형식을 계승하고 있는데, 위는 뾰족하고 아래는 평평하며, 꼭대기 아래에 둥근 구멍이 있다. 일부 한비漢碑에는 둥근 구멍 옆에 세 가닥의 밧줄 무늬를 조각하여 폄석窆石의 원래 역할을 상징하였다. 이 둥근 구멍을 "천穿"이라고 불렀다. 뾰족한 비석을 "규수비圭首碑" 혹은 "규두비圭頭碑"라고 불렀다. 현존하는 산동山東 제녕시濟寧市의 《노준비魯峻碑》·《무영비武榮碑》와 1973년 천진天津에서 출토된 《선우황비鮮于璜碑》가 규수비圭首碑이다. 후에 뾰족한 꼭대기가 둥그런 꼭대기로 변하였다. 현존하는 태안泰安 대묘岱廟의 《형방비衡方碑》와 같은 것이 바로 그것이다. 대묘岱廟에 있던 《장천비張遷碑》의 경우는 둥근 구멍조차도 없앴다. 이런 비액碑額의 형식을 문물기록자들은 뾰족한 머리 부위에 구멍이 있다는 의미의 "규수유천圭首有穿", 둥근 머리 부위에 구멍이 있다는 의미의 "원수유천圓首有穿", 둥근 머리 부위에 구멍이 없다는 의미의 "원수무천圓首無穿"으로 구분하여 불렀다. 규

....
19. 어비(御碑): 비문이 황제에 의해 써진 비를 말한다–저자주.
20. 폄석(窆石): 관을 내릴 때 쓰는 돌이다–역자주.

수비圭首碑는 모두 구멍이 있었다.

　일반적 상황으로 구멍은 비액碑額과 비면碑面을 구분 짓는 분계선이다. 구멍의 위쪽에 비석의 제목을 새겼지만 구멍의 오른 쪽에 새기기도 하였다. 구멍 아래쪽에 비문을 새겼다. 제녕濟寧에만 현존하는 ≪경군명景君銘≫은 구멍이 비문의 중간쯤인 매우 낮은 지점에 뚫려 있다. 구멍 위에 각 행이 8자인 비문 3행이 있다. 이것은 하나의 특수한 예외라고 할 것이다.

　한비漢碑의 비제碑題는 모두 전자篆字나 예자隸字를 사용했기 때문에 "전액篆額" 혹은 "예액隸額"이라고 불렀다. 남북조南北朝 이후로 해서체楷書體로 비액費額을 썼지만, 기록할 때는 "해액楷額"이라고 하지 않고 "액정서額正書"라고 하였다. 간혹 해서楷書의 비액費額을 예액隸額이라고도 했는데, 이것은 서예가들이 해서楷書가 그 당시의 예서隸書라고 여겼기 때문이었다. 그래서 예서隸書에는 "한예漢隸"와 "금예今隸"의 구별이 있게 되었고, 금예今隸는 해서楷書를 가리키게 되었다.

　한漢 비액費額 위의 전자篆字나 예자隸字는 줄곧 서예가들에 의해 진귀하게 여겨져 감상되었는데, 특히 한인漢人의 전서篆書의 대자大字의 경우 현재는 비석에서만 볼 수 있다. 예를 들어 ≪한인명韓仁銘≫과 ≪장천비張遷碑≫의 전액篆額은 자체字體가 날아갈듯이 생동적이고 아름다운데, 이것은 진秦나라 시기 때의 전서篆書가 현대화된 것이다. ≪선우황비鮮于璜碑≫ 액의 전서篆書는 또 다른 한 갈래로서 강유위康有爲가 소위 "한나라의 전서는 대부분 모가 나고 꺾인 필획(漢篆多方折)"이라고 한 것이 그 예이다. 위진魏晉 이후의 비액費額의 제자題字에도 훌륭한 것들이 있다. 내가 본 것으로는 북위北魏 ≪남석굴사비南石窟寺碑≫의 제액題額이 가장 웅장하였다. 당비唐碑로는 무측천武則天(624~705) ≪승선태자비昇仙太子碑≫ 액額 위의 비백서飛白書인 승선태자지비昇仙太子之碑라는 여섯 자가 있는데, 새가 날아가는 형상을 하고 있어 그야말로 현대의 미술적인 글자와 같다.

한비漢碑의 비액碑額이 비면碑面과 연결되어 있고, 비액碑額 위에 비문의 제목을 새긴 이상 비면碑面에 중복할 필요가 없었다. 그래서 비면碑面의 첫 행은 바로 본문부터 시작된다. 당비唐碑의 비액碑額은 대부분 별도의 돌로 이루어졌기 때문에 유실되기 쉬웠다. 그래서 비문의 첫 행에는 여전히 비제碑題를 새겼던 것이다. 예를 들어 ≪성교서聖教序≫의 비액碑額은 대당삼장성교지서大唐三藏聖教之序라는 8자에 2행이고, 비신碑身의 첫 행은 대당태종문황제찬삼장성교서大唐太宗文皇帝撰三藏聖教序이다.

한비漢碑의 글자 수는 많지 않았기 때문에 비석이 클 필요가 없었다. 비문의 전편은 모두 비면碑面에 새겼다. 비음碑陰은 일반적으로 모두 돈을 내어 비석을 세운 사람의 성명을 새겼는데, 예를 들어 ≪공표비孔彪碑≫·≪경군명景君銘≫·≪조전비曹全碑≫ 등에 "고리故吏[21]" 혹은 "문생고리門生故吏[22]"라는 제명題名을 새겼다. 제명題名의 격식은 일반적으로 관직官職·적관籍貫·성姓·명名·자字·출자금액出錢數이었다. 예를 들어 ≪예기비禮器碑≫ 비음碑陰의 제명題名에 "조국한단송진원세이백趙國邯鄲宋鎭元世二百"이 있는데, 이는 자字가 원세元世인 조趙나라 한단邯鄲현 사람 송진宋鎭이 이백 전錢을 출자하여 비석을 세우는 데 보탰다는 뜻이다. 또 "상서시랑노공표원상삼천尙書侍郎魯孔彪元上三千"이라는 제명題名에서 "상서시랑"은 공표孔彪의 관직인데, 그는 노魯나라 사람으로 자字가 원상元上이며, 삼

....
21. 고리(故吏): 죽은 관리라는 의미이다—역자주.
22. 문생고리(門生故吏): 문객이었던 죽은 관리라는 뜻이다—역자주.

천 전錢을 출자하여 비석 세우는 데에 보탰다는 뜻이다. 한漢나라 때의 비음碑陰은 대부분 돈을 내어 비석을 세우거나 사당을 세운 사람의 제명題名으로, 이런 사람은 문객이나 식객인 문생門生 그리고 아전衙前 같은 말단 관리인 고리故吏·의시義士 등과 관계가 있다. 당唐나라의 비음碑陰에도 제명題名이 있었는데, 예를 들어 주周나라 영왕靈王 태자太子 왕자진王子晉의 비석인 ≪승선태자비升仙太子碑≫에 "종신제명從臣題名"이라는 글자를 음각한 것이나 어사대의 정사에 세워진 비석인 ≪어사대정사비御史臺精舍碑≫에 역대로 어사御使였던 이들의 제명題名을 음각한 것이지만 그 의의는 한비漢碑와 달랐다. 그러나 언제나 "비음제명碑陰題名"이라고 칭하였다.

비음碑陰에 비면碑面과 관련 있는 문헌을 새겨놓은 것이 있다. 예를 들면 당나라 때 세운 기신의 묘비인 ≪당립기신묘비唐立紀信墓碑≫이다. 기신紀信(?~기원전 204)은 한漢 고조高祖 때의 사람으로 그의 무덤은 당대唐代까지만 해도 존재했었지만 묘비는 이미 망실된 상태였다. 당인唐人들은 그를 위해 묘비를 다시 세웠고, 기록할 때는 "당립唐立"이라는 두 글자를 덧붙였는데, 그렇게 하지 않았다면 한비漢碑로 오해되기 쉬웠을 것이다. 이 비석은 들판에 방치된 글자가 새겨져 있지 않은 비석 재료를 이용하여 새겼다. 이 때문에 비음碑陰에 비석을 얻게 된 시말을 기록한다는 ≪기득비시말記得碑始末≫이라는 설명서를 새겼던 것이다. 또 미원현의 신천을 노닐며 지은 시에 서문을 짓는다는 ≪미원신천시서美原神泉詩序≫의 비음碑陰에는 여러 사람들[23]이 지은 ≪미원신천시美原神泉詩≫가

<hr>

23. 여기서 말하는 여러 사람들이란 위원단(韋元旦)·가언숙(賈言淑)·이붕(李鵬)·온옹념(溫翁念)·윤원개(尹元凱)를 이른다-역자주.

새겨져 있다. ≪승선태자비升仙太子碑≫의 비음碑陰 위쪽에 새긴 것은 무측천武則天의 신선을 찾아 노닐었다는 ≪유선편遊仙篇≫이라는 시詩이다. 이런 종류의 비음碑陰은 모두 비면碑面과 같은 시기에 새겨진 것이다.

북위北魏 효문제孝文帝(467~499)의 비간(比干, 기원전 1125~기원전 1063)을 애도하는 글인 ≪조비간문弔比干文≫의 비석은 태화太和 18년(494)에 세워졌고, 당 태종의 비간에게 태사太師 벼슬을 추증하는 조서와 제문인 ≪증비간태사조병제문贈比干太師詔幷祭文≫ 비석은 정관貞觀 19년(641)에 세워졌다. 이 두 비석은 북송北宋 때 이미 알아보지 못할 정도로 글자가 훼손되었다. 송대宋代 사람들은 원래 새겨졌던 글자를 평평하게 갈아버린 다음 옛 탁본에 근거하여 다시 본떠 새기고, 비음碑陰에 상황을 설명하는 ≪중각기重刻記≫를 새겼다. 이 두 비석의 비면碑面과 비음碑陰이 비록 동시에 새겨진 것이라고는 하나 대표적인 시대가 다르고, 서법도 한 사람의 손에서 나온 것이 아니다. 이런 비음碑陰문자는 일반적으로 비면碑面과 관계있는 것으로 제명題名 이외 모두 "비음기碑陰記"라고 칭하였다.

또 많은 비석의 비음碑陰에는 원래 글자를 새기지 않았는데, 후인들이 이 공백의 석면을 이용하거나 원래의 비음碑陰 문자를 갈아내고 별도 새로운 비문을 새겼다. 예를 들어 북주北周 조문연趙文淵이 쓴 ≪화악송華嶽頌≫같은 경우는 비음에 당대唐代의 ≪화악묘비華嶽廟碑≫를 새겼다. 소림사少林寺 벽에 금대金代에 새긴 ≪관세음화상觀世音畵像≫비를 박아놓았는데, 근년 들어 전각殿閣을 보수하면서 실종된 지 800여 년이나 된 ≪당태종교서비唐太宗教書碑≫의 비음碑陰을 발견하였다. 이런 상황은 적지 않다. 대부분 사원이나 명승고적의 비석에 새긴 글자에 출현하는 것으로 보아 묘비墓碑가 후인들에 의해 증각增刻되었을 리가 없다. 이런 비석은 사실 양면이 모두 비면碑面으로, 비음碑陰이라고 할 수 없다. 그러나 기록을 할 때는 그래도 먼저 새긴 것을 비면碑面이라 하고, 후대에 증각한 것을 비음碑陰이라고 해야 할 것이다.

비석의 양측에는 늘 제명題名을 새겼다. 한漢나라 때 ≪양숙공비楊叔恭碑≫의 측면에 문서를 관리하는 보좌관의 제명題名이 있는 것이 그 예이다. 비문碑文이 길어 비면碑面에 다 새길 수 없으면 좌측에 계속하여 새겼다. 유명한 비석의 경우는 비석의 옆면에 용이나 화초 같은 도안을 새겼는데, 이것이 석각의 예술적 장식이었다.

매우 긴 비문碑文일 경우는 비석의 사면을 다 채워 새겨도 되었는데, 안진경顏眞卿(709~784, 혹은 709~785)의 ≪원결표元結表≫·≪안근례비顏勤禮碑≫가 바로 그렇다. 이런 상황을 "사면각四面刻"이라고 하였다.

비좌碑座나 귀부龜趺에는 모두 문자가 없었다. 하물며 옛 비석古碑의 비좌碑座가 대부분 유실된 바에야 더 이상 이야기 할 것이 있겠는가.

6. 진秦의 석각문石刻文

　　"석각문石刻文"은 돌에 새긴 문자이다. 이 말의 의미는 누구나 이해할 수 있을 것이다. 그러나 무엇을 "문자文字"라고 하는가? 이 명사의 의미에 대해서는 이해가 다를 수 있다. 허신許愼이 지은 ≪설문說文≫의 분류에 따르면 육서六書 중의 상형象形·지사指事의 구조를 "문文"이라 하였고, 회의會意·해성諧聲의 구조를 "자字"라고 하였다. 전주轉注·가차假借는 문文과 자字를 겸하고 있다. 최초의 한자漢字 구조는 모두 상형象形으로, 이를테면 일日·월月·산山·수水 같은 글자였는데 점차 발전하여 지사指事·회의會意 등 여러 가지 구조가 생겼다. 이로부터 문文이 있고 나서 자字가 생겼다는 것을 알 수 있다. "문文"이 모두 상형象形의 구조라고 한다면 상고시대의 여러 절벽[24]에 나타난 무늬는 "그림畵"이라고만 치부할 수 없는 원시적인 "문文"이라고 할 수 있을 것이다. 만일에 이 관념으로 이해하려고 한다면 중국의 석각문石刻文은 아득한 옛날의 절벽부터 계산에 넣

....
24. 상고시대의 여러 절벽: 광서(廣西)·운남(雲南)·사천(四川)·몽고(蒙古)에서 근년 들어 많이 발견된다.-저자주.

어야 할 것이다.

한족漢族 문자에 대한 금석학자의 관념상, 청대淸代 이전에는 상대商代의 이명문자彝銘文字[25]를 최초의 문자로 여겼다. 이런 문자의 서법 구조를 "주서籀書[26]"나 "대전大篆"이라고 칭하였다. 만청晩淸 시기에 은상殷商 시기의 정복문자貞卜文字[27]를 발견한 후에 한족漢族 문자의 역사가 또 몇백 년 앞당겨졌다. 그러나 정복문자貞卜文字의 형상은 이명彝銘에 보이지 않고, 이명彝銘문자의 형상은 석각石刻에 보이지 않는다. 이 때문에 우리가 현재 알고 있고 보았던 가장 이른 석각문石刻文은 이미 진대秦代의 문물이었던 것이다.

전설에 의하면 호남湖南 형산衡山 축융봉祝融峰[28]에 고대의 석각문자가 있었는데, 가장 먼저 발견한 이는 당나라 때의 사람이었다고 전해진다. 도합 77개 형상의 예스러운 글자를 새겼는데 아무도 알아보지 못했지만 하夏나라 때의 우왕禹王이 이곳에서 황하의 물길을 다스리고治水 그 공적을 돌에 새긴 것이라고 굳게 믿었다. 시인 유우석劉禹錫(772~842)은 이 일을 시를 지어 읊었다.

일찍이 축융봉에 대해 들었는데,

그 위에 우임금의 비석이 있었다네.

옛 돌은 아름다운 옥돌 모양이고,

신비한 무늬는 용과 범의 형상이라네.

....

25. 이명문자(彝銘文字): 종정문(鐘鼎文), 금문(金文)을 말한다–저자주.
26. 주서(籀書): 전설에 태사(太師) 주(籀)가 창제한 것이라고 한다–저자주.
27. 정복문자(貞卜文字): 갑골문(甲骨文) 혹은 은계문(殷契文)이라고 칭하기도 한다–저자주.
28. 축융봉(祝融峰): 구루산(岣嶁山)이라고도 한다–저자주.

嘗聞祝融峰,

上有神禹銘.

古石琅玕姿,

祕文龍虎形[29]

　한유韓愈는 친히 형산衡山으로 가서 뒤졌으나 찾지 못하고 돌아와 시를 지어

구루산 정상 우임금의 비석은,

글자는 파랗고 비석은 붉으니 그 형상 기이하여라.

岣嶁山尖神禹碑,

字青石赤形模奇.[30]

라고 한 것으로 보아, 그는 이미 보았던 것 같다. 하지만 아래의 구절에서

어디에 있는지 수없이 찾았지만,

우거진 숲속에선 원숭이만 슬피 우네.

千搜萬索何所有,

森森綠樹猿猱悲.[31]

----

29. ≪수재(秀才)인 이책(李策)이 호남(湖南)으로 돌아가는 것을 전송하며, 이 때문에 막부(幕府)의 친구 형주낭중(衡州郎中) 여온(呂溫)에게 편지를 부치며(送李策秀才還湖南, 因寄幕中親故兼簡衡州呂八郎中)≫라는 제목의 시이다-역자주.

30. 구루산(岣嶁山)이라는 시의 1, 2구이다-역자주.

31. 구루산(岣嶁山)이라는 시의 7, 8구이다-역자주.

라고 한 것으로 보아 원래는 보지 못했던 것이다. 남송南宋의 영종寧宗 가정嘉定 연간에 사천四川 사람이 형산衡山에서 노닐다 이 석각을 발견했는데, 그는 즉시 종이에다 몇 부 탁본하여 72자를 얻었다. 이 탁본을 가지고 돌아와 비석에 새긴 다음 기문夔門의 한 도교道敎 사원에 두었다. 이 석각은 후에 유실되었다. 그러나 장사長沙의 악록서원岳麓書院에도 한 개가 있는데, 가정 연간에 하자일何子一이 새긴 것으로, 그 사천 사람의 탁본일 것이다. 명대明代에 이르러 양신楊慎[32]이 악록서원岳麓書院 각석의 탁본을 얻어 두 개의 비석에 새긴 다음, 한 개는 곤명昆明에 두었고 한 개는 성도成都에 두었다. 이후에 사람들이 양신楊慎의 각본刻本 혹은 악록서원본岳麓書院本에 의거하여 잇달아 복제하면서 서안西安·개봉開封·소흥紹興에도 있게 되었다. 악록서원岳麓書院의 송대宋代 각석 역시 이미 유실되었고, 현재 존재하는 것은 명대明代 가정嘉靖 연간의 복제본인 번각본翻刻本이다. 기록자들은 이 석각을 모두 ≪하우구루비夏禹岣嶁碑≫라고 하였다.

하북성河北省 찬황현贊皇縣 남단南壇山 위의 석각에 "길일계사吉日癸巳"라는 네 개의 글자가 있는데, 주周나라의 목왕穆王이 등산했을 때 새긴 것으로, 그 시간과 날짜를 기록한 것이라고 한다. 이 각문刻文은 북송北宋 초기에 발견되었는데, 인종仁宗 황우皇祐 4년에 송기宋祁(998~1061)가 산으로 사람을 파견하여 본을 떠오도록 하면서 탁본이 전해지기 시작하였다. 후에 현지의 현령縣令 유장劉莊이 탁본을 찾는 사람이 많아지자 아예 이 돌을 파내다 현의 관청 벽에 박아 넣었고, 이후로 탁본의 유전이 더욱 많아졌다. 기록자들은 이를 주周나라 목왕穆王이 단산壇山에 오른 것을 기념한 비석인 ≪주목왕단산각석周穆王壇山刻石≫이라고 하였다.

....

32. 양신(楊慎): 자는 용수(用修), 호는 승암(升庵)이다-저자주.

비문 기록자들은 이상의 두 종류를 송원宋元 이래로 가장 이른 석각문이라고 여겼다. 많은 사람들이 의심을 하긴 해도 석각의 목록서에서 여전히 그것들을 첫 번째나 두 번째로 열거한다. 나는 이를 인정할 수 없으며, 그래도 "석고문石鼓文"이 가장 이른 석각문이라고 생각한다.

석고石鼓는 북 모양을 본뜬 둥근 돌로서 도합 10개가 있는데, 북 마다 사면에 옛날 글자가 새겨져 있다. 한대漢代 이래로 줄곧 섬서陝西 봉상鳳翔의 들판에 있었기 때문에 관심을 가지는 사람들이 없었다. 당대唐代에 이르러 고대문물에 관심을 갖는 인사들에 의해 발견되면서 세상에 알려졌고, 두보杜甫(712~770)·위응물韋應物(737~792)·한유韓愈 같은 시인들은 이를 위해 시를 지었다. 후에 재상 정여경鄭餘慶(748~820)이 그것들을 봉상鳳翔의 공자孔子 사당으로 옮길 때 하나를 빠뜨렸다. 당말오대唐末五代의 몇 차례 병란을 겪으면서 석고가 산실되었다가 북송 초년에 이르러 사마지司馬池(980~1041)가 다시 민간에서 수집하여 봉상부鳳翔府의 학궁學宮에 안치했지만 여전히 하나가 부족하였다. 황우皇祐 연간(1049~1054)에 향전사向傳師가 농가에서 유실된 그것을 찾아냈지만 이미 농민이 절구통으로 사용했던 탓에 행마다 3개의 글자가 사라진 상태였다. 소동파蘇東坡(1037~1101)도 이를 보고는 시를 지은 적이 있다. 이때부터 석고문 탁본의 유전이 많아지기 시작하였다. 휘종徽宗의 대관大觀 연간(1107~1110)에 이르러 열 개의 석고가 수도인 개봉開封으로 옮겨져 국보가 되었다. 휘종徽宗이 황금으로 새겨진 글자에다 채우도록 하면서부터 탁본할 방법은 사라지게 되었다. 얼마가지 않아 금金나라의 군대가 침입하여 개봉開封을 함락하였다. 금나라 사람들은 석고를 연경燕京으로 옮겨갔다. 원대元代부터 청대淸代에 이르기까지 10개의 석고는 줄곧 북경의 공자 사당 안에 있었다. 1931년에 일본군이 심양沈陽을 점령하면서 북경이 위험에 처하자 국민당國民黨 정부는 북경北京의 모든 유물을 남경南京으로 옮겼는데, 석고石鼓도 그 안에 포함시켰다. 공산화 이후에 열 개의 석고는 북경北京으로 돌아와 역사박물관에 보관되었다.

석고石鼓에 새겨진 것은 모두 ≪시경詩經≫형식의 사언시四言詩로서 대략 석고石鼓마다 한 수씩 있다. 문자가 오래되어 알아보기 어려운 데다 돌의 표면이 떨어져 나갔지만 당송唐宋 시기 때는 그래도 460여 자를 볼 수 있었는데, 지금은 2백 5, 60자 정도만 남아있어 문장의 의미를 자세히 알기 어렵다. 사냥이나 낚시를 서술한 것도 있고, 천자를 칭송한 것도 있고, 정벌에 나서는 군대의 출정을 형용한 것도 있다. 당송唐宋시대 때의 사람들은 주대周代의 문물로서 천자의 수렵에 대해 신하가 새긴 송시頌詩라고 여겼다. 이 때문에 ≪시경詩經·주송周頌≫의 산실된 편수라고 여겼고, 한유韓愈는 시를 지어 공자孔子가 무엇 때문에 이 시를 ≪시경詩經≫에 편입시키지 않았는지 의아해하기까지 하였다.[33] 주왕周王이 누구를 가리키는지를 연구함에 있어 어떤 이는 문왕文王이라고 하고 어떤 이는 성왕成王이라고 하지만 대다수의 사람들은 선왕宣王이라고 여긴다. 송원宋元 이래로 줄곧 이 열 개의 석고石鼓를 주周 선왕宣王의 사냥을 기록한 비석인 ≪주선왕렵갈周宣王獵碣≫[34]이라고 이름을 지었다. 그러나 송대宋代의 정초鄭樵(1104~1162)는 그것들이 진대秦代의 유물이지 주대周代의 유물이 아니라고 의구심을 가졌다. 현대학자들은 거의 이구동성으로 이것

....

33. 한유(韓愈)가 지은 장편의 시가 ≪석고가(石鼓歌)≫의 "비루한 선비들 시경을 엮을 때 수록하지 않아(陋儒編詩不收入), 대아편 소아편 편협하고 여유없구나(二雅褊迫無委蛇)"라는 구절을 두고 한 말인 듯하다-역자주.
34. 주선왕렵갈(周宣王獵碣): 모가 난 것을 비, 둥근 것을 갈이라고 한다-저자주.

을 진대秦代의 석각이라고 여긴다. 왜냐하면 글자체의 구조에서 보면 석고문石鼓文은 주서籀書로부터 전서篆書로 발전하는 중간 형태인 데다가 그 중 글자의 형태가 주서籀書와 같은 것은 적고, 전서篆書와 같은 것은 많기 때문이다. 이로부터 석고문石鼓文은 이사李斯(대략 기원전 280~기원전 208)가 소전小篆을 제정하기 직전의 글씨체임을 알 수 있다. 그래서 이 석고문石鼓文을 진秦 혜문왕惠文王 이후부터 시황제始皇帝 이전까지의 석각(기원전 337~기원전 246)이라고 단정하는 것이다.

　진대秦代의 석각이 또 하나 있는데, 속칭 초楚나라의 패망을 저주하는 글인 《저초문詛楚文》이다. 북송北宋 초에 봉상鳳翔의 농민이 개원사開元寺 옆에서 땅을 파다가 그것을 얻었는데, 이곳이 바로 진秦 목공穆公(~기원전 621) 묘역의 안이었다. 후에 이 돌은 봉상군鳳翔郡의 관청인 편청便廳으로 옮겨졌다. 문자의 내용은 진秦의 사왕嗣王[35]이 초왕楚王 웅상熊相을 견책하는 사신문祀神文[36]이다. 대체적인 의미는 진秦의 선왕인 목공穆公이 초楚 성왕成王과 평화조약을 체결하여 18대 혜문왕惠文王 이래로 쌍방이 상호 침범하지 않는다는 것이다. 초왕楚王 웅상熊相은 결국 조약을 배신하고 군대를 일으켜 진秦나라의 변경을 침략하자 진秦의 사왕嗣王은 상제 및 여러 신들에게 제사를 올리고 천신이 초楚나라의 군대를 벌해 줄 것을 바랐다. 사문祀文은 (1) 사무함문祀巫咸文[37], (2) 사아타문祀亞駝文[38]

---

35. 사왕(嗣王): 진(秦)의 후왕(後王)을 보통 진사왕(秦嗣王)이라고 해서 왕의 지위를 이은 왕을 가리키는데, 여기서는 당연히 소양왕(昭襄王)이라고도 하는 소왕(昭王)을 가리킨다고 하겠다. 이 소왕의 아버지가 제18대 혜문왕(惠文王)인데, 제17대인 아버지 효공(孝公)의 뒤를 이으며 처음으로 왕이라고 칭하였다. 그래서 이 왕의 칭호를 이었다는 함은 바로 소왕(제19대)을 가리키는 것이다-역자주.

36. 사신문(祀神文): 신에게 제사 지낼 때 쓰는 문장이다-역자주.

37. 사무함문(祀巫咸文): 신무(神巫)인 무함신에게 올리는 제문이다-역자주.

(3) 사대심구추문祀大沈久湫文[39]으로, 모두 세 편이다. 송인宋人들은 진秦나라가 초楚나라를 저주하는 글인 《진저초문秦詛楚文》이라고 하였다. 세 편의 사문祀文은 완전히 같고, 신神의 이름만이 다르다. 이 진秦나라를 계승한 왕은 누구일까? 구양수歐陽修가 《사기史記》를 고찰하면서 진秦 목공穆公 이후 18대는 당연히 진秦 혜문왕惠文王 혹은 소양왕昭襄王일 것이라고 하였다. 이때의 초왕楚王은 회왕懷王 혹은 경양왕頃襄王이지만 그들의 이름은 모두 웅상熊相이 아니다. 초楚나라 역사에도 웅상熊相이라는 이름을 가진 왕은 없다. 이 의문은 역사학자들의 연구를 기다려봐야 할 것이다.

《저초문詛楚文》의 석각에는 상세한 기록이 없어 원석이 어떤 형상이었는지 알 길이 없다. 소동파蘇東坡가 봉상鳳翔으로 가서 보고는 시 한 수를 지었다. 그 대체적인 의미는 다음과 같다. 그 때 진秦나라가 초楚나라를 침략한 기록만 있지 초楚나라가 진秦나라를 침략한 역사적 사실은 없다. 이 석각은 진왕秦王이 "상대를 비난하는" 내용으로, 그 자신이 초楚나라를 침략하기 위해 구실을 만든 것이다. 그래서 소동파蘇東坡는 이 석각을 보고 진왕秦王의 교묘한 수단이었다고 여기며 비웃었던 것이다. 구양수歐陽修·조명성趙明誠(1081~1129)·섭석림葉石林이 손에 넣은 탁본은 모두 《사무함문祀巫咸文》이었다. 그러나 섭석림葉石林은 《사대침구추문祀大沈久湫文》으로 대조한 적이 있었다. 《사아타문祀亞駝文》에 대해서는 기록한 사람이 없다. 원석은 대략 남송南宋 말년에 벌써 유실되었고, 《강

....
38. 사아타문(祀亞駝文): 아타신에게 올리는 제문이다-역자주.
39. 사대심구추문(祀大沈久湫文): 대심궐추(大沈厥湫)라고도 하는데, 추연(湫淵)의 용인 조나신(朝那神)에게 진나라가 제를 올릴 때 쓴 제문이다-역자주.

첩絳帖≫·≪여첩汝帖≫ 중에 부분적으로 본떠 조각한 것이 있다. 이후로는 수집가들이 기록한 흔적이 보이지 않는다. 40년 전에 작고한 친구 심중장沈仲章이 원대元代에 간행한 목판탁본을 손에 넣었는데, 위의 세 문장이 모두 갖추어져 있었다. 콜로타이프로[40] 100부를 영인한 이후 이 판각은 많은 사람들의 손에 들어가게 되었다. 그 글자체도 대부분 주서籀書의 구조이지만 필획이 올챙이마냥 섬세한 것이 마치 ≪삼체석경三體石經≫의 고문古文을 닮았다. 그 시대는 확실히 석고문石鼓文과 멀지 않았던 것으로 보인다.

진시황제秦始皇帝 26년(기원전 221)에 천하를 통일하고 28년에 대신들을 이끌고 동쪽으로 순시함으로써 자신의 위엄을 선양하려고 하였다. 역산繹山·태산泰山·낭야산琅邪山에 이르러 돌에다 자신의 업적을 새겨 칭송하도록 하였다. 29년에 동순東巡하여 지부산之罘山 위에서 또 돌에 조각하였다. 32년에 동순東巡하여 갈석碣石에 이르러 또 송덕비를 세웠다. 37년에 남순南巡하여 회계會稽에 이르러 또 석각을 남겼다. 10년 동안 네 차례 순행하며 여섯 곳에 비석을 새겼다. 그 중에 5편의 글은 ≪사기史記≫에 실렸는데, 역산繹山의 각석문刻石文만이 ≪사기史記≫에 실리지 않았다. 2세 황제 원년에 조서를 내려 시황제始皇帝가 조각했던 돌에 일단의 문자를 보태어 새기라고 명령하였다. 이것은 시황제始皇帝가 새겼다는 사실을 후세 사람들이 의심하지 않도록 했음을 말해주는 것이다. 신하들은 이 조서詔書를 여섯 곳의 시황제始皇帝 원각석에 보태어 새겼다.

갈석산碣石山에 세운 비석은 오래 전에 바다 속으로 떨어졌건만 역대

....
40. 콜로타이프: 출판에서 사용하는 방법으로 젤라틴을 판면으로 하는 사진 인쇄법이다. 사진 또는 원화를 정밀하게 복제하는 데에 쓴다―역자주.

로 기록된 것이 없다. 지부산之罘山에 세운 비석의 경우 구양수歐陽脩가
탁본을 손에 넣었을 때 겨우 21자뿐이었는데, 바로 2세 황제가 추가하
여 새긴 조서詔書 중의 글귀였다. 구양수歐陽脩는 그것을 목각 복제본이
라고 여기면서 원석은 아니라고 의심하였다. 이 때문에 송대宋代에 유전
된 진시황각석탁본秦始皇刻石拓本으로는 역산繹山·태산泰山·낭야琅邪·회계會
稽의 4종만이 존재하게 되었고, 이를 네 군데 산에다 새긴 진秦나라의 각
석이라는 의미의 ≪진사산각석秦四山刻石≫이라고 칭하였다.

　　역산繹山의 각석은 시황제始皇帝가 동순東巡할 때 세운 첫 번째 비석이
다. 원석은 당대唐代에 이미 들불에 타서 훼손되었다. 호사가들은 대추
나무로 만든 목판에 하나를 본떠 새긴 다음 인쇄하여 유전시켰다. 두보
杜甫는 ≪이조의 팔분 서체로 쓴 소전을 노래함(李潮八分小篆歌)≫[41]이라
는 시에서

　　　　역산의 각석이 들불에 타버리자,

　　　　대추목에 다시 새겼지만 크기가 본래의 운치 잃어버렸네.

　　　　繹山之碑野火焚,

　　　　棗木傳刻肥失眞.[42]

라고 하였다. 이로부터 이 대추나무 본의 필획이 원래의 석각에 비해 거

....

41. ≪이조의 팔분 서체로 쓴 소전을 노래함(李潮八分小篆歌)≫: 이 시는 두보(杜甫)가 대력(大曆) 원년
　　(766) 기주(夔州)에서 외조카 이조(李潮)를 만나 지은 것이다. 이조(李潮)는 서예가이며, 팔분(八分)
　　은 서체(書體)의 이름이다-역자주.

42. 역산비(繹山碑)는 진(秦)나라의 재상 이사(李斯)가 썼다고 한다. 내용은 진시황(秦始皇)의 위업을
　　칭송한 것인데, 들불에 타 없어진 것을 후인들이 안타까워해서 대추나무로 목판을 만들어 다시
　　새겼다고 한다-역자주.

칠고 굵다는 것을 알 수 있다. 남당南唐 때 서현徐鉉이 탁본을 하나 얻어 후에 정문보鄭文寶에게 선물로 주었다. 정문보鄭文寶는 송宋 태종太宗 순화淳化 4년(993)에 이 탁본을 이용하여 석비石碑를 하나 새겼는데, 바로 지금의 서안西安 비림碑林의 ≪진역산비秦繹山碑≫이다. 하지만 이미 두 동강이 나버렸다. 원대元代의 혜종惠宗 지정至正 원년(1341)에 소흥로紹興路 총관부總管府 추관推官 신도경申屠駉이 또 정문보鄭文寶 각본에 근거하여 비석을 하나 복제하여 소흥紹興에 세웠고 지금까지도 존재하고 있어 ≪소흥본역산비紹興本繹山碑≫[43]라고 부른다.

태산泰山의 각석은 시황제始皇帝가 동순東巡할 때 세운 두 번째 비석으로, 태산泰山의 정상에 세워져 있다. 돌의 형태는 납작하고 둥글고 사면에 글자를 새겼다. 비록 들불에 타버렸다고는 하나 송대宋代 구양수歐陽脩·조명성趙明誠이 가졌던 탁본에 47자가 남아있는데, 이 역시 2세 황제가 덧보태어 새긴 것이다. 이 돌이 어느 때인지는 모르겠으나 벽하원군사碧霞元君祠[44]로 옮겼고, 청대淸代 건륭乾隆 연간에 이르러서는 겨우 29자만 남게 되었다. 건륭乾隆 5년(1740)에 이 사당에 불이 나서 이 돌이 불타 훼손되자 후인들은 옛 탁본에 의거해 비석 하나를 다시 새겼다. 하지만 이 돌도 얼마가지 않아 부서져 사라지고 말았다. 가경嘉慶 연간에 어떤 이가 연못에서 부서진 돌을 주웠는데, 10자가 남아있었다. 송나라 사람들이 보았던 47자의 탁본은 이미 전해지지 않는다. 현재 볼 수 있는 것은 29자본 및 10자본이다.

....

43. 역(繹): 지금은 嶧(역)자로 되어있다–저자주.
44. 벽하원군사(碧霞元君祠): "벽하원군"은 도교(道敎)에서 신봉하는 여신(女神)으로 "천선옥녀벽하원군(天仙玉女碧霞元君)"이라 존칭한다. 명(明) 가정(嘉靖)연간에 소진사(昭眞祠)를 확장하여 벽하영우궁(碧霞靈佑宮)이라 했다가 뒤에 "벽하원군사"라고 하였다–역자주.

낭야琅邪의 각석刻石은 세 번째 비석으로, 현존하는 것이라고는 진秦
나라 때 새겨진 원석인 진각원석秦刻原石뿐이다. 이것은 홀 모양인 규형圭
形의 납작한 돌로서 삼면에 글자를 새긴 것인데, 이미 마멸되어 단지 한
면에 13행의 86자만이 잔문殘文으로 남아있다. 첫 행은 시황제始皇帝 때
새긴 마지막 석각작품으로, 측근 신하 "오대부양규五大夫楊樛"의 관직과
성명을 기록한 제명題名이 새겨져 있다. 나머지 12행은 2세 황제가 덧보
태어 새긴 조서詔書이다. 이 돌은 현재 북경역사박물관에 있다. 상해역
사박물관에는 모조품이 있다. 그래서 탁본의 유전이 오히려 많아졌던
것이다.

회계會稽의 각석刻石은 시황제始皇帝의 여섯 번째 비석으로, 현존하는
진秦나라 각석刻石의 네 번째 작품이기도 하다. 이 돌을 위진魏晉시대의
문인들은 대부분 본 적이 있고 기록도 있다. 당대唐代에는 언급한 사람
이 없다. 송대宋代에는 육방옹陸放翁(1125~1210)·요관姚寬(?~1161)이 찾
은 적이 있었고, 요관姚寬은 자신의 ≪서계총화西溪叢話≫에 일단의 기록
을 남겼다. 그러나 구양수歐陽脩·조명성趙明誠 이 두 사람은 비석의 탁본
을 소장했던 대가大家였지만 탁본을 얻지 못하였다. 대략 남송南宋 때 이
돌은 산정에 있었고 문자는 거의 모두 훼손되었다. 원대元代의 지정至正
원년(1341)에 이르러 신도경申屠駉이 역산비繹山碑를 복제하고, 또 회계會
稽 각석의 구 탁본을 이용해 자신의 역산비繹山碑 비음碑陰에 다시 새겼다.
이 때문에 원명元明 시대에 유전된 회계會稽 각석 탁본은 모두 신도경申屠
駉의 번각본翻刻本이다. 청대淸代 강희康熙 연간에 무지했던 지부知府[45]가
이 비문의 한 면을 갈아내고는 자신을 찬양하는 문장을 새겼다. 건륭乾

....

45. 지부(知府): 부(府)의 장관을 말한다~역자주.

隆57년에 교양 있는 지부知府 이형특李亨特이 부임하여 왔다. 그는 강희康熙 연간 때 새겨졌던 지부知府의 문자를 갈아내고는 신도경申屠駉의 탁본을 새겼다. 이 비석이 지금까지 존재한다. 나진옥羅振玉(1866~1940)이 왕씨王氏의 화우루話雨樓에서 예부터 소장되어 왔던 명대明代의 탁본인 신도경申屠駉의 번각본翻刻本을 얻어 ≪진금석각사秦金石刻辭≫에 영인한 적이 있는데, 후에 중화서국中華書局에서 또 이것에 근거하여 단독으로 한 본을 영인하였다. 그래서 신도경申屠駉 번각본翻刻本의 초각본의 면모가 여전히 남아있게 되었다. ≪월절서越絶書≫의 기록에 근거하면, 회계會稽의 각석刻石은 절강浙江의 잠석岑石을 이용하여 조각하였고, 요관姚寬이 소흥紹興의 진망산秦望山에 올라 이 비석을 조사하다가 산 정상에 방 하나 크기의 큰 돌을 보고는 비석을 바로 돌 중간에 끼워 넣었다. 송宋·원元·명明의 금석가金石家들은 이 비석을 기록하고는 ≪잠석송岑石頌≫이라고 불렀다. 무엇을 잠석岑石이라고 하는지에 대해서 아직까지 해석을 본 적이 없다.

이상은 중국의 제1대의 석각문자로서, 사학史學·문자학文字學·서법예술에 막대한 가치를 지닌다. 석고문石鼓文·저초문詛楚文의 역사사실과 문자형상은 모두 이미 전문적인 연구과제가 되었다. 사산四山의 각석刻石은 태산泰山의 10자와 낭야琅邪의 86자만이 이사李斯 소전小篆의 진적眞迹이지만 천여 년 동안의 비바람에 훼손된 후인지라 필획은 원래의 모습을 크게 잃었을 것이다. 역산繹山·회계會稽 두 석각石刻의 자적字迹은 태산泰山·낭야琅邪와 크게 다르다. 역산繹山의 자적字迹은 섬세하고 전법篆法은 좌우대칭의 균형을 이룬다. 이러한 전식篆式을 옥저전玉筋篆으로 불렀는데, 태산泰山·낭야琅邪 두 석각石刻의 원래 모습이 아닌 것 같다. 정문보鄭文寶

(953~1013)가 번각飜刻한 저본底本이 서현徐鉉(910~991)의 모사본일까 아니면 서현徐鉉이 소장했던 원석의 탁본일까? 송인宋人들의 기록은 문의文義가 분명하지 못해 서법가들의 의안疑案이 되었다.

7. 선진先秦의 금문金文

　　"금문金文"이라는 명사의 경우, 과거에는 하은주夏殷周 3대의 동기銅器
에 새긴 명문銘文만을 가리켰으나 지금은 이명彝銘이라고 부른다. 이것은
갑골문甲骨文 이후 이사李斯(대략 기원전 284~기원전 208)의 소전小篆 이
전 시기의 한족漢族문자이다. 전설에 의하면 한족漢族문자는 황제黃帝 때
의 사관史官이었던 창힐倉頡이 만들고, 주周나라 선왕宣王 때에 이르러 사
관史官이었던 주籒가 개조하고 첨가한 것이라고 여겼다. 후세 사람들은
창힐倉頡이 만든 글자를 "고문古文[46]"이라고 불렀고, 사관史官 주籒가 만든
글자를 "주문籒文[47]"이라고 불렀다. 진시황秦始皇 때 이사李斯가 주문籒文
을 간략화 하여 전국적으로 통용되는 문자를 제정하였다. 이런 문자는
주문籒文의 기초에서 개조한 것으로, 똑같이 전문篆文이기 때문에 후인
들은 주문籒文을 "대전大篆"이라고 불렀고, 이사李斯가 만든 것을 "소전小
篆"이라고 불렀다.

....
46. 고문(古文): 고자(古字)라고도 한다~저자주.
47. 주문(籒文): 주서(籒書)라고도 한다~저자주.

근대 문물고고학자들은 주周·진秦 이후의 각 시대 동기銅器의 명문銘文·관지款識에 주의하여 역대의 문물제도를 연구하였다. 이러한 문자는 시대풍조에 따라 바뀌었고, 전서篆書·예서隷書로부터 해서楷書에 이르기까지 글자가 금속 기물에 주조되거나 조각된 탓에 "금문金文"이라고도 할 수 있다. 그러나 이런 용법의 "금문金文"은 초기 고고학자들이 알고 있던 의미와는 달랐다.

본문에서 언급하는 것은 3대시기의 청동기 명문銘文에 국한된다. 그래서 소위 "삼대三代"는 설령 송대宋代 사람들이 하대夏代에 이명彛銘의 기록이 있었다고 해도 우리는 하대夏代에 청동기가 있었다고 할 수 없고, 하대夏代에 이런 문자가 있었다고는 더욱 믿을 수 없다. 우리가 현재 볼 수 있는 금문金文은 모두 상대商代 중엽 이후의 자료이다. 그래서 이 장의 제목을 "선진의 금문先秦金文"이라고 정했던 것이다.

진시황秦始皇이 전국의 문자를 통일하여 문화를 억압하고 고적古籍을 소각한 탓에 상주商周문자의 간책簡册[48]이 자취를 감추어버렸다. 한대漢代 사람들이 본 것과 읽은 것들은 모두 소전小篆과 한대漢代에 새로 생긴 예서隷書로 쓴 것이었다. 한漢 무제武帝 때 공자孔子가 살았던 집의 벽에서 대규모의 고대의 간책簡册이 발견되었는데, 모두 진대秦代 이전의 필사본 경서經書로서 ≪상서尙書≫·≪효경孝經≫ 등이었다. 이 간책簡册의 문자를 한漢나라 사람들은 "고문古文"이라고 불렀다. 그러나 그것들을 공자孔子가 편찬한 책이라고 한다면 그 속의 글자체가 공자孔子 이전에 있었다고 우기기는 불가능하다. 이 때문에 한漢나라 사람들이 "고문古文"이라고 불렀던 것은 상주商周의 금문金文과 달랐을 것이다.

....
48. 간책(簡册): 대나무 쪽에 쓴 글을 말한다−역자주.

동한東漢 때 허신許愼이 지은 《설문해자說文解字》는 중국 최초의 자전字典이다. 그 가운데 수록하고 있는 글자는 모두 소전小篆으로 조목을 정하고, 조목 아래에 많은 "고문古文"과 "기이한 글자奇字"를 첨부했는데, 그것이 바로 허신許愼이 보았던 선진先秦문자였다. 위魏나라 정시正始 연간에 낙양洛陽에서 주주·전주·예주 3종의 글자체로 된 석경石經을 조각했는데, 이 글자들은 한단순邯鄲淳(대략 132~221)의 자필에서 나왔다. 이런 석경石經의 주서籀書에는 허신許愼과 다른 점도 있다. 이 두 사람의 고문古文은 근대에 대량으로 출토된 이명彝銘문자와도 완전히 다르다. 이를 통해 허신許愼·한단순邯鄲淳이 배웠던 고문古文은 그 출처가 아마도 모두 진秦의 분서焚書사건에서 화를 면한 고대의 간책簡册일 것이다. 상주商周시대 때 동기銅器에 주조했던 문자를 한위漢魏 시대 때의 사람들 중 본 사람은 거의 없을 것이다.

당송唐宋 때에 이르러 점차 선진先秦 때의 이기彝器가 출토되었다는 보도가 있게 되지만 수량은 여전히 많지 않았다. 구양수歐陽脩가 금석金石문자를 수집해 《집고록集古錄》을 저술하여 자신이 보았던 금문金文 탁본이 겨우 16종이었다고 기록하였다. 조명성趙明誠도 《금석록金石錄》을 저술했는데, 그의 금문金文 제발題跋[49]도 20여 편뿐이었다. 그러나 이즈음 각지에서 이미 대량의 옛 기물들이 출토되고 있었다. 여대림呂大臨(1040~1092)이 제일 먼저 《고고도考古圖》10권을 저술하였고, 뒤이어 왕구王俅가 《소당집고록嘯堂集古錄》 2권을 저술하였으며, 왕보王黼(1079~1126)가 《선화박고도宣和博古圖》30권을 저술하였다. 이 3부의 책은 모두 기물의 형상·무늬를 본떠 그린 다음에 그 문자를 고증하고 해석

....
49. 제발(題跋): 서문과 발문을 말한다-역자주.

했는데, 이로부터 학술계는 문물연구와 고문자연구라는 두 개의 새로운 영역을 개척하게 되었다. ≪선화박고도宣和博古圖≫는 휘종徽宗 때 선화전宣和殿에 소장하고 있던 수백 종이 넘는 고대 문물을 기록했는데, 모두 외부 사람들이 쉽게 볼 수 없는 것들이었다.

남송南宋 때의 설상공薛尙功은 제기諸家들의 기록들을 모으고, 새로 출토된 고기古器들을 덧붙여 서술하고는 그 명문銘文을 모사하는 동시에 고증과 해석을 하여 도합 20권의 ≪역대종정이기관지歷代鐘鼎彝器款識≫를 편찬하였다. 이것은 첫 번째 고문자 연구의 저작이지만, 상술한 ≪고고도考古圖≫ 등 3종은 비록 문자에 관한 약간의 고증과 해석이 있을 지라도 옛 기물의 도보圖譜일 뿐이다. 이 때문에 ≪사고전서총목제요四庫全書總目提要≫는 ≪고고도考古圖≫ 등 3종을 사부史部의 보록류譜錄類에 집어넣었고, 설상공薛尙功의 저작을 경부經部의 소학류小學類[50]에 집어넣었다. 이는 "문물학文物學"과 "문자학文字學"을 구별한 것이다.

이후로 옛 기물의 대량 출토에 따라 학자들은 연구방향으로 두 가지로 나누었다. 그 첫 번째는 기물 자체를 연구하는 것으로, 그것들의 형상과 구조·역할로부터 고대사회의 전장제도典章制度와 백성들의 생활양식을 검증하거나 그 주조기술과 예술장식으로부터 고대공예의 과학기술 수준을 탐색한다. 이 연구방향은 문물학文物學에 속한다. 다른 하나는 옛 기물에 주조하거나 조각한 문자를 연구하는 것이다. 그 글자 형태 및 반영한 역사 사실로부터 구분하여 고문자학 및 사학의 탐색을 진행하는 이 연구방향이 금석학金石學[51]에 속한다. 그래서 ≪사고전서총목제요四庫

....
50. 소학(小學): 문자학(文字學)이다−저자주.
51. 금석학(金石學): 문자학(文字學)에 속한다−저자주.

대체로 역대의 저술 가운데 고증이 가장 어렵다. 고증 중에 도보圖譜가 가장 어렵다. 도보圖譜 가운데 종정鐘鼎과 관지款識만이 뜻이 육서와 통하고, 법도가 삼례三禮에 합치되니, 특히 어렵고도 어렵다.

蓋著述之中, 考證爲難. 考證之中, 圖譜爲難. 圖譜之中, 惟鐘鼎款識, 義通乎六書, 制兼乎三禮, 尤難之難.[52]

라고 하였다. 이는 고대 문물의 연구가 풍부한 학술적 의의를 지니고 있음을 설명하는 것이다. 그것은 정치학·경제학·사학·문자학과 예술·과학기술 등을 나타낸다. 과학적인 방법으로 각 항목을 정해 분석하는 것 외에 중요한 것은 고증방법을 사용하여 정확한 논거를 구해야한다. 실물을 통해 고적 기록의 시비와 진위를 판단하고, 또 고적古籍을 통해 실물의 시대와 역할을 이해한다. 이러한 것들은 모두 어려운 고증작업이다.

금석학金石學은 송대宋代에 기초가 다져졌다. 원명元明 2대는 푸대접을 받은 편이었다. 석각비석 방면에는 그래도 관심을 갖는 약간의 사람들이 있었지만, 금문金文 방면에는 인재가 드물었다. 이것은 아마도 당시에 학자들이 실물을 보는 것도 쉽지 않은데다 탁본마저 보급되지 않은 탓에 연구 자료를 얻을 수 없었기 때문일 것이다.

청대淸代는 금석학金石學의 흥성시기이다. 옛 물건이 출토되었다는 소리가 종종 들리고, 게다가 옛 기물의 탁본이 모두 세상에 널리 퍼져있

---

52. 이 글은 ≪서청고감(西淸古監)≫조목에 보인다~저자주.

다. 또 기물도 적잖게 있었으며, 실물을 보지 못한 학자들은 전체 형태를 본 뜬 탁본에 근거해 연구를 할 수 있게 하였다. 이 때문에 청대淸代 학자들은 선진先秦시대의 금문金文 연구에 있어 매우 큰 진전을 볼 수 있었다. 건륭乾隆 14년에 황명으로 만든 ≪서청고감西淸古監≫·완원阮元(1764~1849)의 ≪적고재종정관지積古齋鐘鼎款識≫·풍운붕馮雲鵬·풍운원馮雲鵷의 ≪금석색金石索≫·서동백徐同柏(1775~1854)의 ≪종고당관지학從古堂款識學≫·손이양孫詒讓(1848~1908)의 ≪고주습유古籒拾遺≫·오대징吳大澂(1835~1902)의 ≪각재집고록愙齋集古錄≫은 모두 선진先秦시대의 금문金文을 연구한 찬란한 성과이다.

청말淸末에서 지금까지 왕국유王國維(1877~1927)·나진옥羅振玉·곽말약郭沫若(1892~1978)·당란唐蘭(1901~1979)·진몽가陳夢家(1911~1966)·용경容庚(1894~1983)·우성오于省吾(1896~1984) 등의 전문가들은 모두 금문金文 연구의 중요한 학자들이고, 그들이 얻은 성취는 전대 학자들을 훨씬 뛰어넘는다. 그들은 전인들이 해결하지 못한 수많은 문제를 해결하였고, 전대 학자들의 잘못을 수정하였으며, 또 새로 출토한 자료에서 새로운 지식을 얻었다. 그들이 전대 학자들을 초월할 수 있었던 원인은 학술연구에 기인한 것으로, 새 세대가 낡은 세대를 앞서는 것이 그 하나이고, 다른 하나는 그들이 다음의 몇 가지 새로운 조건을 구비했기 때문이기도 하다. (1) 일부 관련 고서古書에 대하여 새로운 인식과 해석이 있었다. 특히 "삼례三禮"·≪상서尙書≫·≪죽서기년竹書紀年≫·≪산해경山海經≫등의 책이 그것이다. (2) 돈황敦煌에서 발견된 많은 고사본古寫本들이 있었다. (3) 갑골문과 옛 도문陶文·선한先漢 간책簡册·선진先秦 백서帛書의 발견은 금문연구에 도움이 되었다. (4) 외국학자들이 가진 고대사회와 고대사 연구에 대한 새로운 지식과 방법을 참고하고 운용하였다.

이상으로 선진先秦시대 금문金文연구 작업의 역사적 과정을 개괄적으로 서술하였다.

청동기의 주조는 대략 상대商代 중기에 시작되었고, 서주西周와 동주東周 시대에 성행하였다. 역대로 출토된 상대商代의 기물은 모두 작은 물건으로 명문銘文도 간단해서 글자가 한두 자에서 열 자까지이다. 주대周代에 주조한 것은 큰 물건으로, 모공정毛公鼎·홀정曶鼎·산씨반散氏盤 등이 있고, 명문銘文도 많게는 400~500자에 달한다. 이기彝器라고 부르는 이런 청동 주조품은 두 종으로 나눈다. 하나는 "예기禮器"로 조상을 제사하는 제기祭器로 사용하는 것이고, 다른 하나는 "양기養器"로 산 사람이 음식을 먹고 마시며 기거할 때 사용하는 가구이다. 초기의 상기商器에는 하나의 형상이 있는데, 동물을 닮은 것 같기도 하고 사람을 닮은 것 같기도 하였다. 전대의 학자들은 모두 그것들을 하나 혹은 두 개의 글자로 억지스럽게 풀이했지만 곽말약郭沫若은 고대 부족의 상징부호인 족휘族徽라고 여겼다. 그래서 서구西歐의 술어를 사용하여 그것을 "토템Totem"이라고 하였다. 사실은 《주례周禮》에서 말하는 "휘치徽幟[53]"일 것이다.

단순한 하나의 도상圖像 뒤에 한 사람의 이름이 나타난다. 이를테면 "부을父乙"·"부정父丁"과 같은 것인데, 이 표시는 아들이 아비 을乙이나 아비 정丁을 제사지내기 위하여 이 기물을 만들었음을 나타낸다. 그러나 기물을 만든 자의 이름은 보이지 않았다. 뒤이어 "작준이作尊彝[54]"·"작조을준이作祖乙尊彝"라는 명문銘文이 출현했는데, 기물의 명칭을 설명하

---

53. 휘치(徽幟): 표지(標志) 혹은 휘지(徽識)라고 한다−역자주.
54. 작준이(作尊彝): 준(尊)은 준(樽)의 고자로 술을 담는 그릇인 준(鐏)과 같다−역자주.

는 것이라고는 하나 "작作"이라는 글자의 주어, 즉 기물을 만든 자의 이름은 여전히 나타나지 않았다. 점차 변화 발전하면서 명문銘文이 많아졌는데, "백작조을준이伯作祖乙尊彝"와 같은 명문에 기물을 만든 자와 제사를 받는 자의 이름이 다 있다. 또 "중유부작여이仲酉父作旅彝"와 같은 명문이 있는데, 이는 중유仲酉의 아비가 동기銅器 몇 개를 만들어 자신이 사용했다는 의미이다. "여旅"자는 "매우 많다"는 뜻으로, 만든 것이 하나가 아니었음을 나타낸다. 주대周代의 이명彝銘에는 기물을 만든 시대와 사유를 더하였고, 말미에 "자자손손영보용子子孫孫永寶用"류의 훈계어訓戒語가 있는데, 대대로 사용해 갈 것을 표시한 것이다. 가장 큰 이기彝器의 경우, 이를테면 모공정毛公鼎·홀정曶鼎·우정盂鼎·산씨반散氏盤과 같은 부류는 명문銘文이 이미 장편의 기사문紀事文인데, 모공정毛公鼎의 경우 많게는 497자에 이르고, 홀정曶鼎에는 403자가 있다. 이미 《상서尙書》의 유실된 글로 볼 수도 있다.

송대宋代 이래로 학자들의 연구는 소전小篆 이전의 고주서古籀書였는데, 우리가 현재 알 수 있는 것으로는 2, 3천 자 정도 된다. 용경容庚이 편찬한 《금문편金文編》은 현재로서는 유일한 금문자전金文字典이다.

8. 한대漢代의 석각문石刻文

  진시황秦始皇(기원전 259~기원전 210)의 사산각석四山刻石은 후에 증

각增刻한 진이세秦二世(기원전 230~기원전 207)의 조서詔書와 함께 돌마

다 큰 글자로 깊이 새긴 2백여 자가 있는데, 대형 석각이라고 할 수 있

다. 서한西漢 240년 동안 진시황秦始皇 때와 같은 그런 각석문은 볼 수 없

을 뿐만 아니라 수 십 자의 석각石刻도 보기가 흔치 않다. 청대淸代 옹방

강翁方綱(1733~1818)은 ≪양한금석기兩漢金石記≫를 지었는데, 서한西漢 석

각 3종과 동한 석각 95종, 모두 98종을 수록하였다. 내가 수집한 ≪한비

목록漢碑目錄≫에는 서한西漢의 석각은 22종에 불과하지만 동한東漢의 석

각은 388종이나 된다. 이 역시 연대가 있는 석각문이고, 연대가 없는 석

각문과 약간의 문자가 있는 화상석畫像石은 그 안에 포함되지도 않았다.

이 통계는 1980년까지이며, 서한西漢의 각석 22종도 진秦 각석처럼 그렇

게 장편의 문자는 없다. 이 현상은 놀라운 사실로, 진대秦代에 유행했던

각석에 사건을 기록하는 풍조가 서한西漢 시기에 이르러 오히려 그 열기

가 식어버린 것 같다. 석각문은 동한東漢 시기에 이르러서야 다시 부흥

한다. 동한東漢 희평熹平 원년부터 광화光和 7년에 이르는 14년 동안의 각 석 중에 현재 알려진 것은 90여 종이다. 희평熹平·광화光和 연간은 한대漢 代의 이른바 돌에 글을 새기고 비석을 세우는 각석입비刻石立碑의 전성시 기였음을 알 수 있다. 국가가 새긴 방대한[55] "석경石經"도 희평熹平 연간[56] 에 시작되었고, 광화光和 6년에 완성하였다.

한대漢代의 석각 중 현존하는 기록에 의하면, 가장 이른 것은 "군신상 수각석群臣上壽刻石"이다.[57] 그 전문의 내용은 다음과 같다.

조趙나라 22년 8월 병인년에 왕이 신하들과 주산朱山에서 음주하며 응 대한 것을 돌의 북면에 새긴다.

趙卅二年八月丙寅群臣上壽此石北.

전서篆書가 줄곧 유행되면서 이 석문이 하북성河北省 광평현廣平縣의 산 위에 새겨졌다. 이것은 청대 도광道光 연간에 발견됐는데, 금석학자 들은 한漢나라 초기 조趙나라 왕의 유적이라고 여겼다. 당시 왕국에는 모 두 자신들의 연대를 기록하고 자신의 국호를 사용했기 때문에 대일통의 국명인 "한漢"을 쓸 필요가 없었다. 그러나 어떤 이는 전국戰國시기 조趙 나라의 무령왕武靈王이 만든 것이라고 여기기도 한다. 이런 주장은 사람 들에게 부정되었다. 왜냐하면 서법에서 보면 전국戰國 때는 아직 이런 직

....

55. 도합 200,911자이며 46개 각석비로 구성되어 있다—역자주.

56. 한(漢) 영제(靈帝) 희평(熹平) 4년(175)에 채옹(蔡邕)이 예서(隷書)로 필사한 것을 돌에 새겼는데, 이 를 "희평석경(熹平石經)"이라고 한다. 《노시(魯詩)》·《상서(尚書)》·《주역(周易)》·《예의(禮 儀)》·《춘추(春秋)》·《공양전(公羊傳)》·《논어(論語)》 등 7종의 경전인데, 한대의 걸작으로 꼽 힌다—역자주.

57. 군신상수각석(群臣上壽刻石): 한(汉) 문제(文帝) 후원(後元) 6년(기원전 158)에 새긴 것이다—역자주.

각으로 꺾인 전서篆書가 있을 수 없기 때문이다. 1942년 곡부曲阜에서 도안圖案이 있는 장방형의 돌을 발굴했는데, 한 쪽에 "노나라 6년 9월에 북쪽의 섬돌을 만듦魯六年九月所造北陛"이라는 각문이 있었다. 학자들은 한나라 초기 노魯 영광전靈光殿의 섬돌이라고 고증하였다. 이 고증이 바로 "군신상수群臣上壽"석이 서한西漢 초기 조왕趙王의 각석임을 증명하는 것이다. 왜냐하면 연대를 기록하는 방법이 서로 같았기 때문이다.

산동山東 곡부曲阜의 공묘孔廟에 네모진 돌이 있는데, 각문에 "오봉 2년 노나라 34년 6월 4일에 완성함(五鳳二年魯卅四年六月四日成)"이라고 하였다. 도합 3행은 노魯 효왕孝王 반지泮池[58]의 석재라는 고증을 했기 때문에 "노효왕반지각석魯孝王泮池刻石"이라고 제목을 붙였다. 어떤 이는 석갑石匣 위의 제지題字이기 때문에 "석함각자石函刻字"라는 이름을 붙여야 한다고 여겼다. 그 당시에 출토된 상황이 자세하게 기록되지 않으면 문물의 명명에 있어 항상 차이가 나게 마련이다. 이 각석은 이미 한漢 선제宣帝의 "오봉五鳳"이라는 연호를 사용하고 있고, 또 노국魯國의 기년紀年을 사용하고 있는데, 이것은 서한 후기 왕국에서 돌에 연대를 기록한 한 예이다.

서한의 각석 중 현재 가장 많은 것은 궁전과 능묘에서 사용하던 석재이다. 이를테면 양주揚州에서 출토된 "감천산잔석甘泉山殘石"에는 "중전제입팔中殿第卅八" 등의 글자가 있고, 산서山西에서 출토된 "하평이년좌원이河平二年左元異"석과 1970년 곡부曲阜에서 출토된 "노왕릉새석魯王陵塞石" 중 글자가 있는 것은 15석이며, 새겨진 내용은 모두 배열순서나 석공의 성명이다.

....
58. 반지(泮池): 공자사당 앞의 연못을 말한다 ─역자주.

신도궐명神道闕銘 혹은 신도비神道碑라고 부르는 것도 양한兩漢시대에 각석한 것이 상당히 많다. 궐闕은 궁전 대문 입구에 좌우가 마주하도록 세워진 두 개의 문루門樓이다. 사당이나 능묘 앞의 신도구神道口에 두 개의 석궐石闕을 세웠고, 궐마다 글자를 새겨 누구의 묘인지를 설명하였다. 송나라 사람 홍적洪適(1117~1184)은 ≪예석隷釋≫을 저술했는데, 한위漢魏시대의 예서로 된 비각碑刻을 기록한 최초의 책이다. 그는 건원建元 2년(기원전 139)에 세운 "정삼익의 궐명(鄭三益闕銘)"을 기록했는데, 이것은 최초의 한묘漢墓 궐명闕銘이지만 이 석궐石闕은 존재하지 않고, 명문銘文도 탁본으로 전해지는 것이 없다. 현재 우리에게 "포효우궐명麃孝禹闕銘"이 하나 있는데, 청淸 동치同治 9년(1871) 산동山東의 평읍平邑에서 출토된 비석의 머리 부위가 홀모양인 장방형의 돌이다. 그 2행의 각문에 "하평삼년팔월정해/평읍□이포효우河平三年八月丁亥/平邑□里麃孝禹"라고 하였다. 이것이 유일한 서한西漢의 궐명闕銘인데, 안타깝게도 그 석궐石闕은 이미 없어졌다.

사천四川의 비현郫縣에서 출토된 지절地節 2년(서한西漢 선제宣帝, 기원전 68)의 "양량매산각석楊量買山刻石", 곡부曲阜에 현존하는 "축기경·상곡부경분단각석祝其卿·上谷府卿墳壇刻石", 서안의 "곽거병묘석각자霍去病墓石刻字"는 모두 서한西漢의 능묘 각석이다. 1958년 청해靑海에서 발견된 거대한 석호石虎에 "시건국始建國"이라는 글자가 새겨져 있었는데, 이것은 왕망王莽(기원전 45~23)의 국호로서 아마도 묘 앞의 물건이었던 것 같다.

산동山東의 추현鄒縣에서 출토된 "내자후각석萊子侯刻石"은 시건국始建國 천봉天鳳 3년(16) 2월에 내자후萊子侯가 제지諸子들에게 토지를 분봉하면서 땅의 경계를 획정劃定했던 각석이다. 이것은 최초의 지계석地界石으로 전문이 35자인데, 현존하는 서한西漢의 석각 가운데 문자가 가장 많은 셈이다.

동한東漢의 석각문에서 신도궐神道闕은 여전히 하나의 넓은 분류이다. 석궐石闕의 건축은 갈수록 거대해지고 정교해진다. 유명한 석궐石闕은 모두 사천四川 지방에 집중되어 있다. 예를 들어 재동梓潼[59]의 시어사侍御史 이업李業의 궐闕이 동한東漢 최초의 신도궐神道闕로, 대략 건무建武 초년 (25~)에 세워졌다. 안타깝게도 명문銘文은 이미 훼손되었지만 힘이 넘치는 예서隸書 5자만은 아직 남아있다. 낙양령洛陽令 왕치자王雉子의 궐闕, 교지도위交趾都尉 심군沈君의 궐闕, 익주태수益州太守 고이高頤의 궐闕, 유주자사幽州刺史 풍환馮煥의 궐闕은 모두 송대宋代 이래 문물학으로 유명한 사천四川의 옛 석궐石闕이다. 그 명문의 탁본 역시 옛 것을 좋아하는 이들에 의해 귀중하게 여겨졌던 것들이다. 산동山東에는 유명한 무씨武氏의 석궐, 남무양南武陽 공조功曹의 궐(87년), 황성경皇聖卿의 궐(86년)이 있다. 1964년 북경 서쪽 교외에서 출토된 유주서좌진군신도궐幽州書佐秦君神道闕은 원흥元興 원년(105)에 세워졌는데, 왕치자王雉子의 궐闕과 같은 해(105)에 세워진 것으로, 글자가 훼손되지 않고 분명해서 한대漢代의 석궐石闕 발전에 일조하였다.

하남성河南省 숭산崇山에 한대漢代의 석궐石闕인 태실太室, 소실少室, 계모묘啓母廟 3좌가 있다. 이것들은 사묘궐祠廟闕이지 묘궐墓闕이 아니다. 하지만 이것들은 모두 신도궐이라고 할 수 있다. 소실少室과 계모啓母, 두 궐명闕銘은 모두 전서篆書로서 필세筆勢가 방형과 원형이 조화를 이루고 부드러움과 강함이 균형을 이루고 있어 석각 중 한나라 전서의 전형적

....
59. 재동(梓潼): 한 지방의 이름이다-역자주.

인 작품이라고 하겠다.

　동한의 석각 중 가장 많은 것은 묘비墓碑와 사묘비祀廟碑이다. 당송시대에 아주 유명했던 한비漢碑들이 있는데, 채옹蔡邕(133~192)이 썼다고 하는 "산조령유웅비酸棗令劉熊碑", 유표劉表(142~208)가 썼다고 하는 "상비묘비湘妃廟碑", 예서隸書로서 유명해진 "순우장하승비淳于長夏承碑"와 같은 것들이었다. 이런 유명한 비석들은 일찍이 사라졌고, 몇 개의 탁본이 겨우 전할 뿐, 대부분의 비석은 탁본마저도 전하지 않는다. 곡부曲阜는 공씨孔氏 집안의 묘비가 집중된 곳으로, "공주비孔宙碑", "공포비孔褒碑", "공표비孔彪碑", "공겸비孔謙碑"가 있다. 이들은 모두 공자孔子의 후예들이다. 이밖에 제녕濟寧의 "북해상경군비北海相景君碑", "사예교위노준비司隸校尉魯峻碑", 동평東平의 "장천비張遷碑", 하남河南의 "문희장한인비聞喜長韓仁碑", "예주종사윤주비豫州從事尹宙碑", 섬서陝西의 "조전비曹全碑" 등은 모두 역대 서법가들이 모사했던 한漢나라 예서隸書의 표준이었다. 1942년 청해靑海에서 출토된 "삼로연조관비三老掾趙寬碑"와 1973년 천진天津에서 출토된 "안문태수선우황비雁門太守鮮于璜碑"가 특히 전인들이 보지도 듣지도 못했던 한漢나라 비석의 상품上品으로 꼽힌다. 이 두 비석은 조각된 후 땅에 묻힌 때문인지 비바람에도 풍화되지 않아 손상된 곳 없이 완전하고 글자도 분명하다. 조관비趙寬碑의 경우 청해靑海박물관의 화재로 소실되었고, 선우황鮮于璜의 비碑만이 오래되었어도 훼손되지 않은 채 한漢나라 비석으로 남았다.

　사묘비祀廟碑도 적지 않다. 곡부曲阜의 공묘孔廟에 집중되어 있는 것으로는 "예기비禮器碑", "을영비乙瑛碑", "사신비史晨碑"가 있다. 이 세 개의 비석은 예서의 우아함 때문에 명청明淸 양대兩代에 예서隸書를 학습할 경우 대부분 이것들을 모사하였다. 비석이 존재했기 때문에 탁본이 널리 유전될 수 있었으며 비석 탁본의 보급본이 될 수 있었다. 하남성河南省 원씨현元氏縣에 네 개의 유명한 한漢나라 비석이 있는데, "봉룡산송封龍山頌", "삼공산비三公山碑", "백석신군비白石神君碑", "무극산비無極山碑"가 바로 그 것들이다. 그 가운데 삼공산비三公山碑는 전서篆書로 된 것으로 서법이 뛰어난데, 숭산嵩山의 두 궐闕의 전서篆書와는 다르다. 그러나 이 네 개의 비석 탁본이 전해지는 것은 그리 많지 않아서 백석신군비白石神君碑만이 사람들에게 알려져 있다. 이밖에도 "서악화산묘비西岳華山廟碑"가 있는데, 한漢나라 비석 가운데 예서隸書로는 가장 아름다운 것으로 칭송되었다. 원석原石은 이미 명明나라 가정嘉靖 34년(1555)의 대지진 속에 유실되었다. 현재는 3본의 탁본만이 전하는데, 한 본은 일본에, 두 본은 중국의 국가문물창고에 소장되어있다. 하지만 영인본이 많아 얻기는 어렵지 않다.

산길을 내고 물길을 다스리는 대역사가 있을 때에는 한漢나라 사람들도 그 일을 돌에 새겨 후세에 전하였다. 섬서성陝西省의 포성褒城은 진秦과 촉蜀의 교통요지였다. 진한秦漢 양대兩代에 누차 잔도棧道를 건설하였다. 영평永平 9년(66)에 "개통포사도비開通褒斜道碑"가 있었고, 영건永建 원년(126)에 "이우치도표李寓治道表"가 있었으며, 건화建和 2년(149) "석문송石門頌"이 있었다. 건녕建寧 3년(170) 약양略陽에 "부각송郙閣頌"을 세웠다. 건녕建寧 4년(171) 성현成縣에 "서협송西狹頌"을 세웠다. 이러한 석각들은 비석이라는 말로 통칭한다고 하더라도 실제로는 산의 절벽에 새긴 것이어서 "마애摩崖"라고 해야 할 것이다. "포사도비褒斜道碑"의 면적이 가장 크고, 그 예서隸書는 평탄하지 않은 절벽을 따라 필세가 펼쳐져 가장 예스럽고 웅대하다. 이런 마애摩崖에 새겨진 한漢나라 예서는 그 자체로 하나의 품격을 이루고 있어, 모사하기에도 녹녹치 않은 일이었으며, 나 역시 모사할 필요가 없다고 여긴다. 그것이 간책簡策[60]이나 종이·비단 위의 서법이 아니기 때문이다.

역도원酈道元(대략 470~527)의 ≪수경주水經注≫는 10여 종의 한대漢代에 일으킨 수리사업의 명기銘記를 기록했으나 지금은 모두 사라지고 없다. 왜냐하면 이런 각석들은 모두 강가에 세워졌었기 때문이다. 후에 물길이 바뀌거나 진흙이 쌓여 이 각석들이 매몰되었거나 농민들이 다른 용도로 주워가거나 해서 지금은 존재하는 것이 없다. 1931년 낙양洛陽에서 돌 하나를 출토했는데, 영원永元 10년(98)에 물길을 냈다는 기록이었다. 글자체가 치졸하고 돌 또한 부서지고 갈라져 모두 알아 볼 수가 없는 것이 안타깝다. 1974년 사천四川 관현灌縣에서 출토된 이빙李冰의 석상石像은 몸 부위에 제자題字가 있는데, 바로 건녕建寧 원년(168)에 조각된 것이었다. 이것은 수리水利와 유관한 예술적 문물이다.

금석각金石刻의 최초의 기능은 본래 공훈功勳을 명기銘記하는 것이었으나, 한대漢代의 각석 중에 덕을 노래한 것은 많지만 공을 기록한 것은 지극히 적다. 두헌竇憲[61]의 전공戰功을 기록한 "연연산기공명燕然山紀功銘[62]"은 송인宋人들이 평하기를 이미 사천四川의 방각본仿刻本이었다고 하였다. 청淸나라 건륭乾隆 22년(1757)에 이르러 신강新疆에서 "배잠기공비裵岑紀功碑[63]"를 발견했는데, 도광道光 15년(1835)에 또 "사남후획비沙南侯獲碑"

....
60. 간책(簡策): 책으로 엮어 글자를 적는 데 쓰인 가늘고 긴 대쪽을 말한다-역자주.
61. 두헌(竇憲, ?~92): 동한(東漢)의 명장으로 흉노(匈奴)를 크게 물리쳤다-역자주.
62. 연연산기공명(燕然山紀功銘): 봉연연산명(封燕然山銘)이라고도 하며, 반고(班固)가 두헌을 위해 지었다고 한다-역자주.

를 발견하고 나서야 부족한 것들이 보완되었다.

묘지墓誌는 남북조南北朝시대에 시작되어 북위北魏 때에 가장 성행했다고 줄곧 여겨져 왔다. 1930년 낙양洛陽에서 복파장군伏波將軍 마원馬援(기원전 14~49)의 딸 마강馬姜의 묘지를 출토하였고[64], 산서성山西省 역현嶧縣에서 "두림위부작봉기杜臨爲父作封記"를 출토했는데[65], 이 두 개의 모난 돌에 비록 묘지墓誌를 써놓지 않았다고는 하나 그 역할 및 문체文體는 분명히 묘지墓誌였다. 그래서 우리는 묘지墓誌가 시작된 시대를 동한東漢까지 앞당길 수 있다.

지금까지 이미 출토된 한대漢代의 묘비墓碑는 그 묘주墓主가 모두 역사적 대사와 유관된 인물이 아니었다. 역사 방면을 고증함에 있어 한漢나라의 비석은 큰 쓰임새가 없다. 한漢나라 비석의 가치는 그 자체의 문물적 가치 이외에 주로 언어문자학과 서법예술에 있다. 한漢나라 비석의 전서篆書는 석고문石鼓文 · 사산각석四山刻石과 다르다. 이 때문에 전서篆書에 진전秦篆과 한전漢篆의 구분이 있는 것이다. 한漢나라 사람들은 문자를 쓸 때 예서隸書를 위주로 했는데도 한漢나라 비석 중에 나타나는 예서隸書는 그 모양이 다르다. 남북조南北朝시대의 서법은 예서隸書로부터 해서楷書에 이르는 과도기여서 우리는 이 시기의 서법사書法史를 "예변시기隸變時期"라고 불러도 무방하다. 예를 들어, 부진苻秦(351~394)의 "광무장군비廣武將軍碑", 진대晉代의 "찬보자비爨寶子碑", 북위北魏의 "화악송華岳頌", "장맹룡비張猛龍碑", 동위東魏의 "고장공비高長恭碑" 등은 그 서법의 글자체

....
63. 배잠기공비(裵岑紀功碑): 《돈황태수배잠기공비(敦煌太守裵岑紀功碑)》라고 하는 비석으로, 동한 시기에 돈황의 태수였던 배잠이 흉노를 토벌했던 전공을 기록한 것이다-역자주.
64. 마강(馬姜)의 묘지 출토: 연평(延平) 원년(106)이다-저자주.
65. 두림위부작봉기(杜臨爲父作封記)의 출토: 연희(延熹) 6년(163)이다-저자주.

가 크게 다르지 않은 것으로 보아 서로 다른 예서隸書의 서법書法에서 변화하여 이루어진 것이 분명하다. 이런 예서隸書 변화시기의 초기 해서楷書는 또 당대唐代의 해서楷書에 영향을 주었기 때문에 당唐나라 사람들의 해서楷書 역시 각자 서로 다른 모양을 띠고 있는 것이다.

9. 위진남북조魏晉南北朝의 석각石刻

조비曹조(187~226)가 한漢나라 정권을 찬탈하여 스스로 황제가 되고는 국호를 위魏라고 하였다. 두 개의 비석을 남겼는데, 하나는 ≪공경장군상존호주公卿將軍上尊號奏≫이다. 이것은 화흠華歆(157~232) 등의 사람들이 서명한 신하들의 상주문奏表으로, 그들이 조비曹조에게 충성을 맹세한 것이다. 조비曹조에게 한漢나라 황제의 선양禪讓을 받아들일 것을 일제히 옹호하고 존호尊號를 천자天子라고 하자는 것이 그 주된 내용이다. 조비曹조가 황제가 된 후에 이 주표奏表를 비석에 새겨 후세에 전하려고 하였다. 그의 이러한 행동은 자신의 야심 때문이 아니라 문무백관들의 의지에서 나온 것임을 설명하기 위해서였다. 다른 하나의 비석은 ≪수선표受禪表≫로서 조비曹조가 한漢나라의 선양을 받는 의식을 기록하고 있다. 한漢나라의 황제는 재삼 조비曹조에게 양위하고 조비曹조는 재삼 사양하다가 후에 한漢나라 황제의 성의와 신하들의 권고를 저버릴 수 없어 황제의 보좌에 올라 천하를 통치한다는 것이다. 이 두 개의 비석은 조비曹조가 진실을 가리려고 하다가 오히려 세상에 그의 가식을 드러내게 된 추악한 역사로서, 역사학자들의 입장에서 보면 일고의 가치도 없는 날조된 증거물이다. 하지만 석각사石刻史와 서법書法예술에서는 오히려 가치가 높다. 석각사石刻史에서 보면 위진魏晉시기 최초의 비각碑刻이기 때문이다. 비석이 크고 비석의 문자가 빽빽하게 쓰일 정도로 많은데, 작고 투박한 한漢나라 비석과는 다르다. 서법예술에서 이 두 개의 비석은 양곡梁鵠 혹은 종요鍾繇(151~230)가 쓴 것이라고 전해지는데, 글자의 형태가 반듯하고 힘이 넘쳐 한漢나라 비석에 쓰인 예서체隸書體와도 서로 다르다. 후세에 이런 예서를 위예魏隸라고 불렀는데, 한漢나라 예서隸書의 첫 번째 변천이다.

현존하는 위진魏晉 시대의 비각碑刻은 매우 적다. 위魏나라의 비석은 겨우 10여 종인데, 대부분 온전하지 못한 형태이다. 《존호주尊號奏》와 《수선표受禪表》 이외에 완전한 형태의 위비魏碑로는 현재 곡부曲阜의 공묘孔廟에 있는 황초黃初 2년(221)에 새겨진 《공자묘비孔子廟碑》만이 존재한다. 이 비석 역시 양곡梁鵠이 쓴 것으로 전해지는데, 자형字形도 방정한 위魏나라 예서隸書이다.

구양수와 조명성趙明誠(1081~1129)도 진나라 때의 비석은 보기 어렵다고 하였다. 왜냐하면 송대宋代까지만 해도 진대晉代의 석각이 발견되지 않았기 때문이다. 현재 첫 번째 진비晉碑인 태시泰始 6년(270)의 《남향태수부휴비南鄕太守郛休碑》가 있다. 태시泰始 8년(272)의 《임성태수부인손씨비任城太守夫人孫氏碑》는 석각사石刻史상 두 번째 부녀자의 묘비墓碑이다.[66]

함녕咸寧 4년(278)에 새겨진 《대진용흥비大晉龍興碑》는 낙양洛陽에서

....
66. 첫 번째는 한나라 복파장군(伏波將軍) 마원(馬援)의 딸 마강(馬姜)의 묘지(墓誌)이다―저자주.

출토된 지 아직 70년이 되지 않았다. 이 비석은 진晉 무제武帝 사마염司馬炎이 태학太學에서 향사례鄕射禮를 거행했던 일을 기록하고 있다. 비석이 특히 전에 없이 거대하다. 비음碑陰의 제명題名에 400여 명의 사람들이 있어 진대晉代 태학太學의 조직 상황을 알 수 있다. 이 비석은 1600여 년 동안 땅에 묻혀 있다가 출토되었을 때 완전한 형태를 유지하고 있었는데, 유물 출토의 기록에 있어서도 흔히 보이는 것은 아니다. 역도원酈道元(대략 470~527)의 《수경주水經注》에 《진벽옹비晉辟雍碑》가 기록되어 있는데, 이 역시 황제가 태학太學에 왕림했던 일을 기록한 것이다. 이 비석은 아직까지 발견되지 않았으나 발굴 희망이 있을지는 모를 일이다. 《용흥비龍興碑》는 현재 낙양洛陽의 백마사白馬寺에 있다.

동진東晉 때는 묘비의 건립을 금지시켰기 때문에 동진東晉 시대의 큰 비석은 지금까지도 보이지 않는다. 그러나 먼 운남성雲南省에서 《찬보자비爨寶子碑》하나를 조각했는데, 대형大亨 4년 4월에 새긴 것이다. 대형大亨은 동진東晉 안제安帝의 연호로 단 1년이었다. 4년이라고 한 것은 실제로는 의희義熙 원년(405)으로 이미 동진東晉 말기였다.

삼국三國 때는 동오東吳에 두 개의 유명한 비석이 있었다. 하나는 남경南京의 《천발신참비天發神讖碑》로서, 세 개의 큰 직사각형 돌로 쌓아 만들어 속칭 "삼단비三段碑"라고 하였다. 이 비석은 이미 청淸 가경嘉慶 연간(1796~1820)에 화재로 소실되어버리고 현재 남경南京의 후원煦園에 두 개의 단정한 방각본仿刻本만이 남아 있는데, 삼단三段 중 이단二段뿐이다. 다른 하나는 의흥宜興의 《선국산비禪國山碑》로서, 천새天璽 원년(276)에 손호孫皓(242~284)가 국산國山에서 봉선封禪의식을 행할 때 조각한 것이다. 이 비석의 형상은 매우 괴이하게 생긴 원추형의 거대한 돌이다. 모양은 쌀뒤주를 닮았다고 해서 현지 사람들은 "돈비囤碑"라고 불렀다. 이 두 개의 오비吳碑에 새겨져 있는 글자는 모두 특이한 형태로서 전서篆書도 아니고 예서隸書도 아니다. 아마도 도사道士들이 황제에게 아첨하기 위해 천서天書로 가장하고자 고의로 이러한 자형字形을 썼을 것이다. 후세에 이르러 서법書法상에서 한 자리를 차지하게 되는데, 특히 ≪천발신참비天發神讖碑≫와 같이 위는 모가 나고 아래는 뾰족한 이상한 글자가 결국 한자漢字의 미술체美術體가 된다.

송宋·제齊·양梁·진陳 네 왕조의 비석은 하나도 없다. 운남성雲南省의 ≪찬룡안비爨龍顔碑≫는 대명大明 2년(460)에 조각되었는데, 청대淸代 가경嘉慶 연간에 이르러서야 발견되었으니 유송劉宋[67]의 비각사碑刻史에 공백을 채워 넣었다고 하겠다. 소제蕭齊[68]의 석각으로는 ≪오군조유위존불배제지吳郡造維衛尊佛背題字≫와 ≪여초묘지呂超墓誌≫라는 두 종만이 존재하는데, 모두 절강성浙江省 소흥紹興에 있으며 둘 다 비석은 아니다. 양대梁代의 비석으로는 남경南京의 ≪시흥충무왕소담묘비始興忠武王蕭憺墓碑≫[69] 하나만 존재한다. 서면徐勉(466~535)이 문장을 짓고 패의연貝義淵[70]이 서단書丹[71]했는데, 모두 명가名家들이었다. 이 비석의 서법書法은 이미 해서楷書

---

67. 유송(劉宋): 위진남북조(魏晉南北朝) 시대에 남조(南朝)의 유유(劉裕)가 420년에 세운 나라라고 하여 유송(劉宋)이라고도 부른다-역자주.

68. 소제(蕭齊): 위진남북조(魏晉南北朝) 시대에 남조(南朝)의 소도성(蕭道成)이 479년에 세운 나라라고 하여 소제(蕭齊)라고도 부르며 역사적으로는 남제(南齊)라고 한다-역자주.

69. 소담(蕭憺, 479~522): 자(字)가 승달(僧達)로, 양(梁) 문제(文帝) 소순(蕭順)의 열 번째 아들이다. 천감(天監) 원년(502)에 형주자사(荊州刺史)가 되었고, 시흥군왕(始興郡王)에 봉해졌으며, 18년(519)에 시중중무장군개부의동삼사령군장군(侍中中撫將軍開府儀同三司領軍將軍)으로 승진하였다. 보통(普通) 3년(522) 11월에 죽었다. 시중사도표기장군(侍中司徒驃騎將軍)에 추증되었고, 시호는 "충무(忠武)"였다-역자주.

70. 패의연(貝義淵): 남조(南朝) 양(梁)나라의 서법가로서 오흥(吳興) 사람이다. 서법 작품으로는 ≪시흥충무왕소담묘비(始興忠武王蕭憺墓碑)≫와 ≪안성강왕소수비(安成康王蕭秀碑)≫가 있다-역자주.

였다. 서법書法 발전을 연구하는 과정에서 이 비석도 주의를 기울여야 한다. 이밖에도 진강鎭江 초산焦山의 ≪예학명瘞鶴銘≫이 있는데, 이전의 서예가들은 모두 양대梁代의 도사道土 도홍경陶弘景(456~536)[72]에 의해 써진 것이라고 여겼지만 믿을 수가 없다. 이 석각에 대해 당唐나라 사람들의 기록이 없는 것은 아마도 중만당中晚唐 때의 사람들의 필적이어서 그럴 것이다.

위에서 언급한 남조南朝의 비각碑刻은 10여 종에 불과하고 실제로 수량도 많지 않다. 북조北朝에 이르러 그 상황은 달라진다. 북조北朝의 황제는 공적을 돌에다 새기기를 좋아하여 백성들에게 각석刻石을 장려하였다. 황제 자신에게 무슨 경하할 일이 있으면 바로 비석을 세워 기념하려고 하였다. 현재 볼 수 있는 것은 태연太延 3년(437)의 ≪황제동순비皇帝東巡碑≫가 있다. 이것은 북위北魏의 첫 번째 비석으로 도무제道武帝 탁발도拓跋燾(408~452)가 동쪽으로 순행할 때 이주易州[73]를 지나면서 신하들과 한 활쏘기를 한 시합을 기록하고 있다. 황제가 쏜 한 대의 화살이 산정을 넘어 날아가 500보 밖에 떨어졌다. 신하들이 이 일을 비석에 새겨 세웠다. ≪수경주水經注≫의 기록에 의하면 양대兩代의 황제들이 모두 이 산에서 화살을 쏜 적이 있는데, 도합 세 개의 비석을 새겼다. 현재는 이 세 개 중에서 가장 이른 하나만을 발견하였다. 이 비석은 1920년에야 발굴 출토되었다. 구양수歐陽脩·조명성趙明誠은 물론 전대흔錢大昕(1728~1804)·

----
71. 서단(書丹): 고대 때 비석에 글자를 새길 때는 먼저 비석을 평평하게 갈아낸 다음 주필(硃筆)로 비문을 직접 돌 위에 썼다. 이것을 "서단(書丹)"이라고 하였다. 현대의 비석 조각은 비문을 얇은 종이 위에 쓰고 석공으로 하여금 돌에 그리도록 한다. 그러나 "서단"이라는 이 단어를 사용할 수도 있어서 그것은 이미 비문을 쓰는 특정한 단어가 되었다-저자주.
72. 도홍경(陶弘景): 도정백(陶貞白)이라고도 한다-저자주.
73. 이주(易州): 지금의 하북성(河北省) 이현(易縣)을 말한다-저자주.

옹방강翁方綱(1733~1818)·섭창치葉昌熾(1849~1917) 등 비석의 탁본 소장을 좋아했던 사람들조차도 볼 수 있는 복이 없었다. 이것은 금석학의 연구 자료로서 최고의 가치를 자랑한다.

이밖에 산천과 성현에 제사지내고 유불도儒佛道 3교의 사당을 건축하는 일에도 늘 비석을 세웠다. 유명한 몇 개를 열거해보면 다음과 같다.

태화太和 18년(494)의 ≪황제조비간문皇帝弔比干文≫, 태안泰安 3년(457)의 ≪호고령묘비蒿高靈廟碑≫, 태화 12년(488)의 ≪휘복사비暉福寺碑≫, 영평永平 3년(510)의 ≪남석굴사비南石窟寺碑≫, 정광正光 4년(523)의 ≪마명사근법사비馬鳴寺根法師碑≫.

동위東魏 흥화(興和) 2년(540)의 ≪수공자묘비修孔子廟碑≫, 무정武定 8년(550)의 ≪수제태공묘비修齊太公廟碑≫.

북제北齊 천보天保 4년(553)의 ≪조서문표사당비造西門豹祠堂碑≫, 건명乾明 원년(560)의 ≪부자묘비夫子廟碑≫, 무평武平 원년(570)의 ≪농동왕감효송隴東王感孝頌≫.

북주北周 천화天和 3년(568)의 ≪화산신묘비華山神廟碑≫.

이것들은 모두 북조北朝 비문의 최상급이다. 비석의 조각이 정교하고 문자가 우아하다. 이밖에도 유명한 묘비가 적지 않다. 이를 테면 영평永平 4년(511)의 ≪정문공비鄭文公碑≫[74], 신귀神龜 2년(519)의 ≪가은백비賈恩伯碑≫, 정광正光 3년(522)의 ≪장맹룡비張猛龍碑≫와 같은 것들로, 근대 서예가들이 습자習字하는 본보기가 되었다. 북제北齊 무평武平 4년(573)에 조각한 ≪난릉왕고숙비蘭陵王高肅碑≫는 1920년에 출토되었는데, 특히 북

---

74. 정문공비(鄭文公碑): 운봉산(雲峰山)에 새겨져 있다-저자주.

조北朝의 비석으로는 중요한 보물에 속한다. 고숙高肅(대략 541~573)은 자字가 장공長恭으로, 용맹하고 싸움에 능했다. 그러나 그는 미남형이었기 때문에 전투에 임할 때는 마스크를 쓰고서 자신의 용모와 무력의 모순을 해결하였다. 후세에 연극공연(演戲)을 할 때 연기자들이 마스크를 사용하거나 얼굴에 분장을 하는 것들은 모두 여기에서 유래하였다. 당대唐代의 교방敎坊 가곡 중에 난릉왕蘭陵王이라는 곡이 있는데, 아마도 가장 먼저 그를 찬양한 노래일 것이다. 송대宋代 사詞의 곡조에도 여전히 난릉왕蘭陵王 가락이 남아 있었다. 이 때문에 난릉왕蘭陵王은 우리에게 결코 낯설지 않다. 지금 발견된 그의 묘비는 비문이 하나같이 기개가 넘치는 큰 글자였다. 비록 북조北朝 만년의 비석이지만 북조北朝 비석 중 일등품이라고 해도 무방하다.

설사 비석만을 얘기한다고 해도 북조北朝는 이미 남조南朝를 훨씬 뛰어넘는다. 그러나 북조北朝 석각 문자의 중점은 지상에 세웠던 것이 아니고 지하에 깊이 묻었던 까닭에 수많은 묘지墓誌가 1300여 년 동안이나 알려지지 않았던 것이다. 묘지墓誌라고 하는 것은 무덤 속이나 관 앞에 묻어놓은 모가 난 돌을 가리킨다. 돌에 죽은 자의 일생에 대한 소전素箋과 장례를 치른 날짜를 새겨놓았다. 마지막은 보통 사언四言의 운어韻語로 된 일단의 명문銘文이 있다. 초사체楚辭體로 쓴 죽은 자에 대한 찬양 혹은 애도의 글이 있기도 하다. 이 문장은 명문銘文을 위주로 했기 때문에 "묘명墓銘" 혹은 "묘지명墓誌銘"이라고 불렀다. 명문銘文 앞에 간략한 산문散文으로 쓴 전기는 이 명문銘文의 서문序文이다. 그래서 일부 묘지명墓誌銘의 첫 행인 표제標題가 "아무개의 묘지명과 서문(某某人墓誌銘并序)"인 것이다. 사실 묘지墓誌는 총칭總名으로 명문銘文과 서문序文을 포함한다.

만약에 "묘명병서墓銘幷序"를 사용했다면 정확하게 된 것이다.

묘지석墓誌石 위에는 별도로 똑같은 크기와 두께의 돌이 있는데, 상부 네 변을 비스듬히 깎아 전체 돌이 덮개 모양이 되도록 하였다. 이 돌이 지석誌石을 보호하여 새긴 문자의 훼손을 막아주었다. 그것의 명칭을 덮개의 의미인 "개蓋"라고 하였고 전체 명칭은 묘지 덮개라는 의미의 "묘지개墓誌蓋"라고 하였다. 덮개 하나에 지석誌石 하나를 합쳐 "묘지일합墓誌一合"이라고 하였다. 개석蓋石에는 글자가 없어 값을 매길 수 없었기 때문에 도굴범들도 거들떠보지 않았으며 간혹 가져가도 다른 용도로 썼다. 이 때문에 수집된 묘지墓誌의 기록에는 반드시 "묘지와 덮개 온전함", 혹은 "덮개 있음", 혹은 "덮개 빠짐"이라고 주석을 붙여 설명하였다. 지개誌蓋가 발전하여 훗날에는 석각 예술품의 하나로 변하였다. 일부 지개에는 꽃무늬나 12지지地支를 조각하였다. 원현준元顯儁의 묘지 덮개는 거북이 모양이 조각되어 있어 묘지 중에서도 절묘한 작품妙品이라고 하겠다.

마강馬姜의 묘지[75]가 출토되고 나서야 묘지墓誌라는 이 물건이 동한東漢 때 이미 있었다는 것을 알게 되었지만, 그 제작은 볼품이 없었다. 서진西晉 때는 무덤 속 관의 앞쪽에 작은 비석을 모양을 닮은 좁고 긴 석판을 세웠는데, 죽은 자의 성명姓名·직관職官·장례일자를 간단하게 기록하였다. 당시에는 묘갈墓碣이라고 했으며, 태강太康 5년(284)의 ≪화국인묘갈和國仁墓碣≫이 바로 그것이다. 후에 묘판墓版이라고 불렀는데, 영강永康

....

75. 마강(馬姜)의 묘지: 가무중의 아내 마강의 묘기 각석 ≪가무중처마강묘기각석(賈武仲妻馬姜墓記刻石)≫을 말하는데, 현재 학술계에서 공인한 중국 최초의 묘지(墓誌)이다. 묘기(墓記)는 동한(东汉) 연평(延平) 원년(106) 9월에 새겨진 것으로, 중국 묘지의 비조로 불린다—역자주.

원년(300)의 ≪좌귀인묘판左貴人墓版≫[76], 원강元康 5년(295)의 ≪중서시랑
순악묘판中書侍郞荀岳墓版≫이 바로 그것이다. 하지만 현재까지 진대晉代의
묘지墓誌가 묘지墓誌로 불리는 것을 보지 못했다. 중화인민공화국 성립
후에 남경南京 및 그 부근 현縣에서 많은 묘지墓誌를 출토했는데, 모두 비
교적 큰 장방형의 벽돌을 사용하여 새긴 것으로 문자는 간략하다. 이런
물건들을 현재 "전지磚誌" 혹은 "장전葬磚"이라고 부른다. 석각이 아니기
때문에 묘지墓誌에서 배제한 것이다.

청대淸代 도광道光·함풍咸豊 연간부터 낙양洛陽의 북망산北邙山 고묘군古
墓群에서 북위北魏 귀족들의 묘지석墓誌石이 대량으로 도굴되었다. 역사학
자나 고고학자들이 계속해서 사들였다. 전국 각지에 고묘古墓가 있다는
들판이 알려지면서 역대의 묘지석墓誌石들은 대량으로 출토되었다. 그래
서 묘석이나 그 탁본을 수집하는 것이 문물 고고학의 새로운 풍조가 되
었다.

북위北魏 효문제孝文帝는 태화太和 18년(494)에 낙양洛陽으로 천도한
뒤에 그 가문의 성씨인 탁발씨拓跋氏를 원씨元氏로 바꾸었다. 낙양洛陽 및
중주中州에서 출토된 북위北魏의 묘지墓誌는 대부분 원씨元氏의 공경대부
公卿大夫이거나 후비后妃와 빈어嬪御들의 것이었다. ≪위서魏書≫의 기록에
서도 원씨元氏들의 역사가 온전하지 못하고, ≪북사北史≫에 기록된 원
씨元氏 인물들 역시 대부분 미비한 실정이다. 이 북위北魏 귀족들의 묘지
墓誌는 원위종실元魏宗室의 많은 전기傳記자료를 제공해 준다. 나진옥羅振
玉(1866~1940)이 일찍이 이 자료에 근거하여 ≪보위서補魏書·종실전宗室
傳≫을 지었다. 그러나 나씨羅氏가 본 원씨元氏 묘지墓誌는 많지 않았으며,

76. 좌귀인묘판(左貴人墓版): 이 귀인(貴人)은 시인 좌사(左思)의 여동생 좌분(左棻)을 가리킨다-저자주.

이 책을 저술한 후에도 새로 출토된 많은 지석誌石들이 있다. 이 때문에 북위北魏의 묘지墓誌는 동위東魏·서위西魏·북제北齊·북주北周의 묘지墓誌와 더불어 모두 대단히 높은 사료적 가치를 지니고 있다.

북조北朝 위魏나라의 묘지墓誌는 대부분 가로 세로 각 50㎝ 이상의 커다란 청석靑石으로, 서법과 문장이 매우 정교하다. 출토될 때 글자의 자국이 조금도 깨진 곳 없이 완전했는데, 지면에 세워져 오랜 세월 비바람을 맞으며 완전한 형태를 유지하기 힘든 묘비墓碑나 사묘비祀廟碑와는 달랐다. 이 때문에 100년 가까이 북위北魏 서법의 임사臨寫를 즐겼던 이들은 비석의 탁본을 사용하지 않고 묘지墓誌의 탁본을 범본範本으로 삼았다.

위진남북조魏晉南北朝의 석각문자를 많이 볼 수 있다면 한자漢字 서법의 발전을 분명하게 알 수 있다. ≪상존호주上尊號奏≫·≪수선표受禪表≫와 같은 위魏나라 예서隸書는 진晉 왕실이 동천한 이후로는 거의 보이지 않다가 초당初唐 시기에 이르러서야 부활하는 추세가 나타난다. ≪찬보자爨寶子≫·≪찬룡안爨龍顏≫이라는 두 비석은 운남성雲南省에 있어 남조南朝에 속했지만 그것들의 서법은 북조北朝의 영향을 받은 것이 분명하다. 우리가 만약 그것들과 부진苻秦의 ≪광무장군비廣武將軍碑≫[77] 및 북위의 ≪숭고령묘비崇高靈廟碑≫를 함께 두고 본다면 그것들이 한漢나라 예서隸書의 또 한 차례의 발전이고 예서隸書가 해서楷書로 변화하는 자료가 출현했음을 알 수 있을 것이다. 북위北魏·동위東魏·서위西魏의 서법은 100여 년 동안 안정되어 큰 변화가 없었으며, 효문제孝文帝와 효명제孝明帝 두 왕조의 석각문자를 북위北魏의 정종正宗으로 여겼다.

....
77. 광무장군비(廣武將軍碑): 건원(建元) 4년(368)이다-저자주.

이상하게도 북제北齊에 이르자 서법에 변화가 나타났다. 북제北齊의 글자체는 북위北魏와 크게 달랐는데, 위예魏隸에서 쓰던 모난 붓으로 해서楷書를 썼다고 할 수 있다. 그러나 약간의 한예漢隸의 구분법을 보존하고 있다. 내가 보기에 북위北魏의 서법은 장중하고 소박하고, 북제北齊의 서법은 우아하고 수려하다고 생각한다. 곤극가崑劇家인 유진비俞振飛(1902~1993)의 부친 속려粟廬(1847~1930), 즉 종해宗海 선생이 전문적으로 북제北齊의 비석을 썼는데, 근대 서예가 중에 독창적인 길을 개척한 사람이라고 하겠다.

10. 마애摩崖

　　어떤 문자의 경우는, 돌에 새겨 먼 후세 사람들에게 보일 필요가 있었다. 그래서 이 산에서 채석하여 네모 형태의 비석 재료로 다듬은 다음 다른 곳으로 옮겨 세우는 작업 없이 문자를 아예 산의 절벽에다 새기기도 하였다. 이런 형식의 석각문자를 "마애摩崖"라고 부른다. "마애摩崖"는 "비석"로 볼 수 없지만 후세 사람들도 마애문자摩崖文字를 "비碑"라고 불렀다. 잘못 사용한 명사가 아니라면 적어도 마애문자摩崖文字는 "비碑"자 의미의 인신引伸으로 확대되었다고 해야 할 것이다.

　　마애摩崖에는 두 가지의 장점이 있다. (1) 영원히 보존할 수 있고 쉽게 사라지지 않는다. 비록 지진에 의한 산의 붕괴나 인위적인 파괴를 면하기는 어렵다고 해도, 결국 비각碑刻보다 오래간다. (2) 문자를 조각할 면적의 크기도 제한을 받지 않는다.

　　마애摩崖의 기원은 위로는 상고시대에 절벽에다 그린 그림인 애화崖畫에까지 소급된다. 그러나 애화崖畫의 절대다수는 채색 악토堊土[78]를 사

....
78. 악토(堊土): 흰색의 흙을 말하는데, 흔히 백토라고 한다―역자주.

용하여 절벽에 그렸는데, 인물과 짐승의 모습이었지 조각한 문자는 아니었다. 왜냐하면 그때는 아직 문자를 조각할 도구가 없었기 때문이다. 이 때문에 우리는 "애회崖畵"와 "마애摩崖"라는 두 개의 명사로 그것들을 구별한다. 설사 마애摩崖에 새긴 것이 그림이라고 해도 마애회摩崖畵라고만 해야지 "애회崖畵"라고 해서는 안 된다.

현재 기록으로 남아있는 가장 오래된 마애문자摩崖文字는 하우夏禹의 ≪구루명岣嶁銘≫·주周 선왕宣王의 ≪길일계사吉日癸巳≫와 서한西漢 초의 ≪조왕군신상수趙王群臣上壽≫ 등이다. ≪구루명岣嶁銘≫은 형산衡山의 축융봉祝融峰 위에 있다고 전해지지만 아직 본 사람이 없다. ≪길일계사吉日癸巳≫와 ≪군신상수群臣上壽≫ 두 조각이 의심이 되는 점은 그것들이 최초의 마애摩崖라고 인정할 수 없다는 것이다. 확실하게 믿을만한 첫 번째 마애摩崖가 있는 장소는 섬서성陝西省 포성현褒城縣 포곡褒谷의 ≪축군개통포사도마애鄐君開通褒斜道摩崖≫[79]이다. 포사도褒斜道는 진秦과 촉蜀의 교통요지로서 포성褒城의 동쪽 포수褒水에 있다. 양안兩岸의 절벽은 우뚝하니 높이 솟아 올라갈 길이 없다. 진한秦漢 때는 산에 각도閣道[80]를 설치하여 통행이 가능하도록 하였다. 각도는 쉽게 무너지거나 위험이 발생하기 때문에 항상 수리를 해야 했다. 동한東漢 명제明帝 영평永平 6년(63)에는 한중군漢中郡의 태수 축군鄐君이 조서를 받들어 각도를 수리하였다. 766,800여 명의 인부를 동원하여 258리에 달하는 계곡에 새로운 각도를 가설하기 시작하여 영평永平 9년에 완공하고는 절벽에 기록을 남겼다. 이

....
79. 축군개통포사도마애(鄐君開通褒斜道摩崖): 축군비(鄐君碑)라고도 하는데, 비에 있어 탁본을 ≪대개통(大開通)≫으로 불렸던 것으로 추측된다-저자주.
80. 각도(閣道): 잔도(棧道)라고도 하는데, 험한 산의 낭떠러지와 낭떠러지 사이에 다리를 놓듯이 하여 낸 길을 말한다-역자주.

후부터 건화建和 2년(148)의 ≪석문송石門頌≫, 건녕建寧 4년(171)의 ≪서협
송西狹頌≫, 건녕建寧 5년(172)의 ≪부각송郙閣頌≫, 희평熹平 2년(174)의 ≪양회
표기楊淮表紀≫가 증명하듯이 역대로 여러 차례 수리하면서 마애磨崖기록
을 남겼다. 북위北魏 선무제宣武帝 영평 2년(509)에 또 대대적으로 잔도를
수리하고는 ≪석문명石門銘≫한 편을 산에 새겼다. 이 5편의 한각漢刻과 1
편의 북위각北魏刻은 문자와 서법 모두 제일 훌륭했는데, 특히 ≪개통포
사도開通褒斜道≫의 경우 차지하는 절벽 면적이 가장 넓었고 글자도 가장
컸으며 분서分書[81]로 된 것이나 전서篆書의 서법도 남아있다. 이것은 줄곧
석각으로 된 한漢나라 예서隷書 중 가장 웅위한 것으로 추천되었다. 북위
北魏에서 조각한 ≪석문명石門銘≫분야에 서수書手[82]였던 왕원王遠의 서명
이 있다는 것은 그의 서법이 이미 북위北魏 서법의 본보기가 되었다는 의
미이다.

수당隋唐 이후로 길이 바뀌면서 포사도褒斜道[83]는 폐쇄되고 사용되지
않았다. 잔목은 무너지고 등나무 줄기가 덮어버리면서 이 한위漢魏 시대
의 마애摩崖들이 오랫동안 사람들에게 알려지지 않게 되었다. 송대宋代에
이르러 어떤 사람이 이 옛 자취를 발견했는데, 그가 물길을 다스리고 길
을 보수하게 되면서 관광지로 변하였다. 문인학사들이 끊임없이 돌에

----

81. 분서(分書): 팔분체(八分體)라고 하는 한자체(漢字體)의 하나로, 소전(小篆)과 예서(隷書)의 중간 서
  체이다-역자주.
82. 서수(書手): 글씨 쓰는 일을 직업으로 하는 사람, 필생(筆生) 또는 필경생(筆耕生)이라고도 한다-역
  자주.
83. 포사도(褒斜道): 진령(秦嶺)산맥 중 관중(关中)의 평원과 한중(汉中)의 분지를 관통하는 계곡이 하
  나 있다. 그 남쪽 입구를 포(褒)라고 하는데, 지금의 한태구(汉台区) 북쪽 15km에 있다. 북쪽 입구를
  사(斜)라고 하는데, 미현(眉县) 서남쪽 15km에 있으며, 길이가 대략 235km이다. 전국(战国)시기부
  터 계곡에다 돌을 뚫고 나무를 얽어 잔도(栈道)를 만드는 사람들이 있었다. 역대로 이 일은 계속
  되었고 중수와 보수가 진행되었는데, 후인들을 이를 "포사도(褒斜道)"라고 명명하였다-역자주.

이름을 새기면서 포곡褒谷 30여 곳에 송인送人들의 서명이 보태어지게 되었다. 청대淸代 이래로 비석의 탁본을 판매하던 사람들은 마애摩崖문자의 탁본을 ≪석문전탁石門全拓≫으로 총칭했는데, 사실은 많은 문자들이 희미해 탁본할 수 없는 작은 제명을 누락시켰다. 사회주의 중국이 들어선 후 포곡의 석각을 국가중점보호문물로 편입시키고 탁본을 금지하였다. 1971년에 그곳에다 저수지를 건조할 계획 때문에 이 마애摩崖석각문자들을 보존할 수 없게 되자 가장 중요한 13종을 선별한 다음 절벽을 도려내어 한중漢中박물관으로 옮겨 진열하였다. 이로부터 그것들은 더 이상 마애摩崖가 될 수 없었다.

황하黃河 삼문협三門峽의 절벽에도 한漢·위魏·진晉 3대의 많은 마애摩崖 제각題刻이 있는데, 대부분 물의 변화와 저수지 공정을 기록한 것들이다. 50년대 삼문협三門峽 저수지를 건조할 때 이런 제각題刻들도 보존할 방법이 없어 모두 사라지고 하나의 기록보고서만이 남게 되었다.

북위北魏 때는 불상을 조각하고 석굴을 굴착하는 풍조가 일어났다. 최초의 것은 산서성山西省 대동大同의 운강雲崗석굴로, 문성제文成帝부터 시작하여 백여 년을 계속해온 것이다. 그 다음은 낙양洛陽 용문龍門의 석굴이다. 뒤이어 공현恐縣석굴·돈황敦煌·맥적산麥積山·대보산大葆山석굴·산동성山東省의 천불산千佛山에다 불상을 조각했는데, 이미 100여 년의 역사가 된다. 운강雲崗석굴을 뚫을 때까지만 해도 불상을 조성하고 간단한 기록을 한다는 조상제기造像題記의 문자를 조각하는 풍조가 없었던 때문인지 지금까지 겨우 비구니比丘尼 담미曇媚의 조상제기造像題記가 발견된 정도였다. 이것은 운강雲崗의 스무 번째 석굴에 있는 것으로, 그 연대가 북위北魏 경명景明 4년(503)이라 시대가 매우 늦다. 용문산龍門山에 동굴을 뚫을 때 사람들에게 마음대로 굴착하도록 허락했기 때문에 용문산에는 크고 작은 불상의 감실이 가장 많게 되었다. 선남선녀들이 각자 돈을 내어 불상의 감실을 뚫고 감실 아래쪽이나 좌우 측면에 시주한 사람들의 성명을 새기거나 불상을 조성하는 소망을 진술하였다. 이런 간단한 조상제기造像題記는 서법도 훌륭해서 고체자古體字나 속체자俗體字로 쓴 것도 있어 문자학文字學의 연구에도 쓰임새가 있다. 특히 중요한 것은 그것들은 당시 백성들의 생활과 사상을 반영하고 있어 일종의 사회사社會史의 자료가 될 수 있다. 이 때문에 용문 조상제기의 모든 탁본은 금석학자들이 즐겨 소장했던 것이기도 하였다. 그러나 이런 탁본은 당연히 불상을 조성한 기록이라는 의미의 "조상기造像記"라고 해야 하건만 일반인들은 기록의 의미인 "기記"자를 생략하고 "조상造像"으로 약칭하였다. 예를 들어 유명한 《용문이십품龍門二十品》은 북위北魏 때에 불상을 조성한 뒤 기록을 남긴 것으로, 이 20장의 탁본은 조상제기造像題記의 문자일 뿐 불상과 감실의 모양을 탁본해 낸 것은 아니다. 그래서 그것의 정확한 이름은 당연히 《용문조상기이십품龍文造像記二十品》이어야 할 것이다.

　　용문산에 대형 마애 10여 군데가 있는데, 그 중에 가장 유명한 것은 저수량褚遂良이 쓴 《이궐불감비伊闕佛龕碑》로 정관貞觀 15년(641)에 빈양동賓陽洞을 뚫고 동굴 입구에 이 문장을 새겼다. 이것은 당비唐碑 중의 명품이다. 이밖에도 《심경心經》·《열반경涅槃經》이 있는데 모두 초당初唐 사람들이 쓴 정교한 해서이다. 또 북제北齊 때 수많은 약 처방전을 새긴 동굴이 있는데, 속칭 약방요藥方窯라고 한다. 안타깝게도 이 각문刻文들은 훼손되어 완전하지 않다.

　　태산泰山에는 역대의 마애摩崖문자가 즐비한데 가장 유명한 것은 두 곳이다. 한 곳은 경석욕經石峪의 불경으로 북제北齊 때 조각한 것이다. 한 곳은 당 현종玄宗 이융기李隆基 자신이 쓴 《태산명太山銘》이다. 이 두 곳은 모두 큰 글자가 깊이 새겨져 기세가 웅장하다. 항주杭州의 석옥동石屋洞에는 오월吳越 시대에 뚫은 불상 감실 200여 구역이 있는데, 각각 머리글 및 여행객들의 서명이 있다. 그 중에는 소동파蘇東坡의 서명도 있다. "문화대혁명文化大革命" 중에 석옥동石屋洞이 모조리 파괴되어 불상과 서명이 전부 뭉개져 버렸다.

호남성湖南省 기양오祁陽浯 계곡도 마애각摩崖刻이 아주 많은 명승지이다. 가장 중요한 것으로는 《대당중흥송大唐中興頌》이 있는데, 원결元結이 문장을 짓고 안진경顏眞卿이 쓴 것이 있다. 그 다음은 황정견黃庭堅 등 송대宋代 명인들의 제시題詩와 제명題名이다. 광서성廣西省 계림桂林의 여러 산에 수많은 당송唐宋 사람들의 제각題刻이 있는데, 유명한 것으로는 이옹李邕의 《단주석실기端州石室記》·《포증제명包拯題名》·육유陸遊의 시가 있다. 용은암龍隱巖에는 《원우당적비元祐黨籍碑》가 있는데, 경원慶元 4년(1198)에 요조요饒祖堯가 새긴 것이다. 융현融縣이라는 곳에 또 다른 《원우당적비元祐黨籍碑》가 있는데, 가정嘉定 4년(1211)에 심위沈暐가 새긴 것이다. 일반인들이 계림桂林의 《원우당적비元祐黨籍碑》만을 알고 있는 것은 쉽게 볼 수 있기 때문이다. 이 두 개의 원우당적비元祐黨籍碑에 집어넣은 인명은 완전히 같진 않다. 두 개의 서로 다른 공문서에 근거했기 때문이다. 이 두 곳의 마애摩崖는 사료적 가치가 크다. 왜냐하면 그것들에는 간상奸相이었던 채경蔡京이 전후 두 차례에 걸쳐 지식인들을 박해한 블랙리스트를 기록하고 있기 때문이다. 계림桂林에는 당대唐代의 대형 마애摩崖 조각이 두 곳 더 있다. 한 곳은 《평만비平蠻碑》이고, 또 다른 한 곳은 ≪순묘비舜廟碑≫로, 모두 한수실漢秀實이 서단書丹하고 이양빙李陽冰이 전액篆額[84]한 유명한 당唐나라 예서隸書이다.

요컨대, 전국 명산의 마애摩崖 각문刻文은 그 수가 적지 않은데, 여기서는 일부분의 명칭만을 거론하였다. 문화재관련 종사자나 옛 것을 좋아하는 인사들이 여행할 때 자세하게 탐색해 보아도 무방하고, 혹시라도 일부 흥미 있고 가치 있는 애각崖刻문헌을 발견할 수도 있기를 바란다. 예를 들어 강소성江蘇省 우이현盱眙縣의 제일산第一山 위에 원래 소동파蘇東坡가 쓴 행향자行香子라는 사詞가 있었고, 비록 남송南宋 때에 이미 기록이야 있었지만 줄곧 본 사람은 없었다. 1983년에야 현지 문화재관련 종사자였던 진사지秦士芝라는 사람에 의해 발견되었으니 어찌 기쁜 일이 아니겠는가?

---

84. 전액(篆額): 비석에 전자(篆字)로 제자(題字)한 것을 말한다-역자주.

11. 조상造像[85]

　　구양수歐陽修와 조명성趙明誠은 최초로 석각문자를 수집한 사람들이지만, 그들이 손에 넣은 것은 대부분 비문의 탁본이었다. 고대에는 무덤의 발굴을 엄격하게 금지했기 때문에 묘지墓誌가 출토되는 경우가 극히 적었다. 용문산龍門山은 북경北京 서쪽과 가까운데 석굴과 불상이 많고 모두 명기銘記를 새겨놓고 있다지만 《이궐불감비伊闕佛龕碑》와 같은 긴 문장 외에 탁본에 주의하는 사람이 없어 이런 문자는 아무런 연구 가치가 없다고 여겨졌고, 글자도 좋지 못해 서법의 모사본으로 사용할 수도 없었다. 근대학자들이 석각문자를 수집했던 상황과 서로 모순된다. 한당漢唐 시대의 많은 비석들이 사라진 것들은 새로 나타난 것들보다 많고, 마애磨崖문자 역시 이미 대부분 무너지고 떨어져 버렸다. 오늘날 얻을 수 있는 것은 옛 비석의 탁본으로서, 조명성趙明誠이 《금석록金石錄》에서 기록한 수량에도 미치지 못한다. 우리가 지금 얻을 수 있는 것은 묘지墓誌를 대종大宗으로 하고, 그 다음이 조상造像이다.

----
85. 조상(造像): 진흙·돌·나무·금속 등을 이용해 물체의 형상을 빚는 것을 말한다.

용문산龍門山의 크고 작은 불감佛龕은 1, 2천 개가 넘고, 불감佛龕마다 명기銘記가 있었다. 만청晩淸에서 민국民國 초년까지 낙양洛陽에서 비석을 탁본하는 사람들이 글자의 흔적이 뚜렷한 것들을 가려 탁본하여 내다 팔았는데, 이를 "용문전탁龍文全拓"이라고 하였다. 큰 종이로 14장은 "대경비大經碑"라고 하고, 작은 종이 400여 종은 모두 중·소형 불감佛龕의 명기銘記이다. 대경비大經碑는 서법書法으로써 중시되었는데, 그 가운데 저수량褚遂良이 쓴 《이궐불감비伊闕佛龕碑》를 포함해서 북위北魏 시대에 조각한 《시평공조상始平公造像》·《양대안조상揚大眼造像》·해서체楷書體의 《심경心經》 등은 모두 글자를 연습하는 사람들이 필요로 하는 것이기 때문에 판로가 가장 넓었다. 작은 조상造像의 탁본은 금석문金石文 수집가들만이 구입하기를 바랐던 것으로, 작디작은 종이쪽지 하나에 날짜와 성명이 있다. 바로 석각 탁본의 필요조건을 구비하고 있어, 수장 목록에 등기하면 한 종류로 칠수 있기 때문이었다.

　　사실 이런 작은 조상造像도 매우 재미있다. 큰 비문碑文에 기록된 것은 모두 고관 귀족이거나 사회 상층인물들의 일이지만 작은 조상造像에 기록된 것은 일반 백성들의 일이다. 백성들은 재난을 당하면 불법佛法의 도움을 받고자 돈을 들여 감실龕室을 뚫어 불상을 만들고는 자신들의 사업과 소망을 기록하였다. 몇 구절 밖에 안 되는 글에서 우리는 당시 백성들의 생활상을 엿볼 수 있다. 용문龍門조상造像의 명기銘記는 대부분 사망한 부모·형제·자매·부부를 위해 명복을 비는 것이지만, 특별한 사연을 가진 것들도 적지 않다. 어떤 이는 중병에도 죽지 않았다고 불상을 만들어 보은하였고, 어떤 이는 종군하여 원정을 떠난 아들을 위해 불상을 만들어 자식의 평안을 빌었다. 어떤 이는 임신을 위해 불상을 만들었다. 또 어떤 이는 당나귀가 병든 것 때문에 불상을 만들기도 했는데, 이는 당시에 먹이던 당나귀가 죽고 나면 다시는 살 수 없을 만큼 값이 비쌌기 때문일 것이다. 또 어떤 이는 가족 중 실종되거나 오랫동안 돌아오지 않는 사람을 위해 불상을 만들었다. 이런 명기는 모두 초初·성당盛唐 시기에 조각한 것이다. 그 당시가 비록 당대唐代의 국세가 가장 흥성한 시기였다고 해도 백성들의 생활은 여전히 수많은 재난 속에 있었음을 짐작할 수 있다.

하남성河南省 공현恐縣의 석굴사石窟寺와 산동성山東省의 향당산響堂山·천불산千佛山에는 북제北齊 이래의 불상이 있고, 항주杭州의 석옥동石屋洞에 오월吳越부터 송초宋初까지의 불상이 있다. 이밖에 돈황敦煌·맥적산麥積山·수미산須彌山에도 불굴佛窟과 명기銘記문자가 있지만 탁본은 적다. 서북 각지와 사천四川·서장西藏에도 아직 발견되지 않은 수많은 석굴들 속에도 조상造像과 제각題刻이 있을 것이다. 이런 종류의 석각문자를 헤아려보면 실제로 존재하는 수량은 틀림없이 이미 알고 있는 수량보다 훨씬 많을 것이다.

언제부터 시작되었는지 알 수 없지만, 불상이 산의 절벽에 조각되지 않게 되었다. "사면상四面像"이라고 하는 것이 있는데, 이것은 정방형의 돌로서 위쪽은 약간 좁고 아래쪽은 약간 넓은데, 각 면에 불감佛龕 하나씩을 새기고 불좌佛座에는 명기銘記를 새겼다. 간혹 두 면에는 불감佛龕을 새기고, 나머지 두 면에는 명기銘記를 새기기도 하였다. 이런 불상의 석각은 내가 처음 탁본을 구했을 때만 해도 그것들이 어디에다 사용했던 것인지 몰랐다. 1982년 산서성山西省 심현沁縣박물관의 복도에서 각처의 불사佛寺와 도원道院에서 수집해 온 사면상四面像을 보았는데, 다섯 층 혹은 일곱 층 형태로 하나하나 붙여져 하나의 돌기둥을 이루고 있었다. 그래서 그것들이 사원寺院에서 사용하던 일종의 경당經幢이나 등대燈臺 같은 법물法物이라는 것을 알게 되었다. 아마도 탑의 변형이라고 여겨졌던 것 같다. 그래서인지 어떤 조상造像의 명기銘記에는 모년 모월 모일에 모모가 "돌아가신 부모님을 위해 불탑을 한 구 만들었다(爲亡親造浮屠一區)"고 하였다. 부도浮屠는 탑塔을 말하고 일구一區는 한 덩어리(一塊)를 뜻한다. 일곱 덩어리를 쌓으면 7층의 부도浮屠가 만들어지는 것이다. 집집마다 돈을 내어 한 덩어리씩 조각하는데 일곱 집이면 한 좌의 석탑이 만들어지는 것이다. 이런 석탑은 대체로 북방에는 흔했지만 남방에는 보이지 않는다. 골동품 상인들이 따로따로 훔쳐가서 "사면상四面像"이라는 제목으로 탁본을 떠 이득을 취하였다. 탁본만을 보았지 실물을 보지 못했던 금석학자들은 그것들의 쓰임새를 알 수 없었다.

최근 들어 나는 이런 석주형石柱形의 사면상四面像이 석굴의 중심 탑주塔柱에서 기원한다는 것을 발견하였다. 보통 대형 석굴을 파려면 반드시 굴의 천장을 지탱하는 한 두 개의 석주石柱를 두어 무너지는 것을 방지해야 한다. 이런 석주石柱도 정방형으로 세 토막이나 다섯 토막으로 나누었고, 토막마다 사면에 불상을 새겼다. 이런 석주石柱는 전체 바위와 굴의 천장이 연결되어 설령 몇 토막으로 나누어져 있다 하더라도 사실 분리할 수 없다. 이 형식의 조상造像과 석각은 모방되어 사원寺院 속에 사용되었고, 하나하나가 모두 조립될 수 있는 사면상四面像이 되었던 것이다.

석굴의 불상은 좌상이건 입상이건 그 뒤쪽은 석벽과 연결되어 전체 불상은 이동시킬 수 없었다. 청대 가경嘉慶·도광道光 연간부터 시작하여 석불을 훔쳐 파는 "골동품 귀신(古董鬼)"들이 생겨났는데, 그들은 손재주가 뛰어난 석공들을 고용해 낙양洛陽 용문산龍門山의 수많은 불감佛龕으로부터 시작해 전체 산석山石을 뚫고 들어갔다. 조각 중 가장 뛰어나고 완벽한 것은 대부분 서양인들에게 팔아버렸기 때문에 구미歐美와 일본의 박물관 혹은 개인의 소장품이 되어버렸다. 이후로 더욱 심해져 거대한 불상조차도 머리 부위가 잘려 나갔다. 용문산龍門山의 빼어나다고 하는 조상造像은 거의 대부분 도난당하였다. 이밖에도 각지의 유명한 석굴에는 거의 빠짐없이 이런 상황이 발생하였다. 여행자들도 이런 도난의 흔적을 쉽게 접할 수 있다.

중형中型의 석굴 불상도 전체가 도난을 당하였다. 대략 사람 키만 한 석상石像은 뒷면에 도끼로 찍은 흔적들이 있어 결코 온전한 형태가 아니다. 석굴에서 떼어낸 것이 분명하다. 도굴을 감행한 이런 석공石工들의 재주가 놀랍기만 하다. 그들은 6, 7척 높이의 불상을 석벽에서 떼어내었는데 정면에서 보면 손톱만큼의 손상도 없게 하였다. 이런 분리 작업은 정말로 쉽지 않을 일이었을 텐데도 말이다.

소형小型의 석각 불상의 경우는 대체로 가정의 불당佛堂에서 공양을 올리던 것으로 불감佛龕이 있는 것도 보통 높이가 4, 50㎝에 불과하고, 불감佛龕이 없는 좌상坐像 혹은 입상立像은 2, 30㎝밖에 안 된다. 이런 조상造像의 명기銘記는 대부분 불상의 뒷면에 새겼는데, 남제南齊의 유위존불維衛尊佛[86], 양석혜영조상梁釋慧影造像[87]과 양진보제조상梁陳寶齊造像 등이 바로 그것이다. 하지만 남조南朝의 석불石佛은 많지 않다. 기록에서 볼 수 있는

86. 유위존불(維衛尊佛): 소흥(紹興)에 있다–저자주.
87. 양석혜영조상(梁釋慧影造像): 현재 상해역사박물관에 있다–저자주.

것은 대부분 북조北朝 혹은 수당隋唐 사이에 제작된 것들이다. 이런 석상石像들은 일반적으로 명기銘記의 탁본만이 세상에 전해진다. 불상의 전체 모습은 본뜨기가 쉽지 않아 보기 드물다. 1920년대 낙양洛陽에서 두산杜山의 위씨威氏 형제가 만든 관음상觀音像인 두산위조관음상杜山威造觀音像 하나를 출토했는데, 당대唐代 무후武后 천수天授 2년(691)에 제작된 것이었다. 이것은 등신상等身像[88]으로 명문銘文 300여 자字가 불상의 뒷면에 새겨져 있는데, 서법이 매우 돋보인다. 이것은 근대에 출토한 조상造像의 상등품이지만 안타깝게도 미국의 박물관에 전시되어 있어 중국 내에서는 명문銘文의 탁본조차도 얻기가 쉽지 않다.

그밖에 조상비造像碑라는 것이 있는데, 비석의 형식으로 불상을 조각한 것이다. 비석의 높이와 넓이는 서로 다르고 두께는 20㎝ 쯤 된다. 비석의 정면 위쪽에 불감佛龕과 불상을 조각했는데, 일반적으로 불상 하나에 보살이 둘이고, 공양供養하는 사람의 상像을 첨가하여 조각하기도 하였다. 불감佛龕의 위쪽은 비액碑額의 위치로 위는 둥글고 아래는 모가 나 있으며, 이룡螭龍·조수鳥獸·일월日月·성신星辰 혹은 화초花草와 인물을 가득 새겨 넣어 장식예술로 삼았다. 불감佛龕의 아래쪽, 즉 비석의 하반부는 한가운데에 아름다운 서법의 명기銘記를 조각하였다. 이런 조상비造像碑는 종종 집성촌에서 공동으로 돈을 내어 불상을 제작한 다음 사원에 희사하곤 했는데, 사원은 그 불상에 영원히 공양해 주기 때문에 돈을 낸 사람들 및 가족들은 이름을 그 불상에 새겨 넣으려고 하였다. 이 때문에 비면碑面의 명기銘記 양측, 좌우 비측碑側과 전체 비음碑陰은 모두 불교신자들의 이름이 가득 새겨졌던 것이다. 이런 조상비造像碑의 탁본은 모두

---

88. 등신상(等身像): 사람의 키 높이와 비슷한 불상을 말한다-저자주.

4장인데, 큰 것 2장은 비면碑面과 비음碑陰이고, 좁고 긴 2장은 좌우 두 개의 비측碑側이다. 비면碑面만을 탁본한 것은 있어도 비측碑側을 탁본하지 않아서 완전한 탁본은 아니었다. 북위北魏 태화太和 20년(497)의 요백다조상비姚伯多造像碑·정광正光 □년의 기마인조상비錡麻仁造像碑, 서위西魏 대통大統 6년(540)의 구시광조상비丘始光造像碑는 모두 유명한 대형 조상비造像碑로서, 조각이 정교하고 아름답다. 요백다姚伯多·기마인錡麻仁과 또 다른 기씨錡氏의 조상비造像碑가 현재 요현耀縣박물관에 있지만, 구시광丘始光의 조상비造像碑는 이미 중국을 떠난 것 같다.

도교도道敎徒들도 불교도佛敎徒들을 모방하여 여러 가지 형태의 석상을 조각하고 제작하였다. 그러나 그들이 만든 것은 노군상老君像·도군상道君像 혹은 천존상天尊像이다. 북주北周 때 불교를 금지시켰었는데, 당대唐代는 도교道敎를 국교國敎로 삼았기 때문에 도가道家의 불상제작과 석각은 대부분이 북주北周와 당대唐代에 제작된 것들이다. 위에서 언급했던 불교 조상造像의 여러 가지 형식은 도교道敎 조상造像 중에 다 있다. 그러나 운강雲崗과 용문龍門과 같은 그런 대형 석굴과 조상造像중에 도가道家에 속하는 것은 보이지 않는다.

석각 조상造像의 탁본에는 도합 3종이 있는데, 과거의 기록은 "조상造像"으로 통칭한 탓에 명확하지 않다. 나의 비석 목록에서는 그것들에게 이름을 따로따로 지어 주었다. (1) 대체로 명기銘記만을 탁본하고 불감佛龕과 불상을 탁본하지 않은 것은 "조상기造像記"라고 하였다. 예를 들어 "용문조상이십품龍門造像二十品"이라고 하던 것을 지금 "용문조상기이십품龍門造像記二十品"으로 바꾸었다. (2) 보통 불감佛龕·불상과 명기銘記의 전체 형태를 탁본해낸 것을 "조상造像"이라고 하였다. 예를 들어 진보재陳

簫齋가 탁본한 수후연조상^{隋侯延造像}, 이가복李嘉福이 탁본한 양혜영조상梁慧影造像이 바로 그것이다. (3) 보통 3장이나 4장의 비석 형식의 조상을 "조상비造像碑"라고 칭하고, 획득한 탁본 종이의 수량이 완전한지 그렇지 않은지를 상세히 설명하려고 하였다. 이렇게 기록하여 명칭만 보면 실물의 형상을 바로 알 수 있도록 하였다. 나는 문화재 관련 종사자들에게 이 방법을 채용해 줄 것을 건의한다.

12. 당唐의 비碑

당대唐代는 중국에서 문학예술이 가장 번성했던 시대로 비석과 석각도 가장 번성했던 시대였다. 현재 우리가 가지고 있는 고대의 석각문자도 당대唐代의 자료가 가장 많다. 석벽 위의 마애磨崖문자, 무덤과 사당 앞의 석각기전石刻記傳, 땅에 묻힌 묘지墓誌, 산꼭대기와 물가의 제명題名과 제시題詩, 조상造像과 경당經幢의 민간 기록들은 거의 전국적으로 보급되어 어디든 다 있다.

석각문자의 주체는 비석이다. 비석의 주체는 무덤의 비석인 능묘비陵墓碑와 사당의 비석인 사묘비祀廟碑이다. 이런 석각의 풍조는 동한東漢시대에 시작되었는데, 산의 돌을 채취하는 기술이 충분치 못해 한漢나라 때의 비석은 모두 그다지 크지 않다. 위진남북조魏晋南北朝의 비석은 점점 커진다. 당대唐代에 이르면서 비석 자체에 비문을 새기는 부분은 높이 2m 이상, 넓이 1.4m 이상의 초대형 석각으로 발전하였다. 비액碑額위에 화개華蓋를 얹고 비좌碑座도 갈수록 크고 정교해진다. 당비唐碑는 그 자체로 이미 하나의 훌륭한 석조石雕 예술품이 되었다. 현재 서안西安의 비림碑林에서 유명한 당비唐碑들을 볼 수 있지만 그것들은 이미 방안에 진열되어 있고, 또 어떤 것들은 이미 비좌碑座와 비두碑頭마저 사라져 거대한 비석과 석각의 풍모는 크게 훼손되었다. 다행히도 일부 큰 비석은 여전히 제자리에 서 있다. 예를 들어 소릉昭陵의 《이적비李勣碑》, 건릉乾陵의 《술성송述聖頌》, 숭산嵩山의 《성덕감응송聖德感應頌》은 당인唐人의 웅위한 기상이 여행자들의 감탄을 자아낸다. 안타깝게도 최대의 당비唐碑라고 할 수 있는 당唐 현종玄宗 이융기李隆基(685~762)가 쓴 《화산명華山銘》은 이미 황소黃巢(820~884)[89]에 의해 불타고 말았다. 화산華山의 신을 당대唐代에는 "금천신金天神"으로 봉했다. 역대 제왕들은 명산대천에 제사를 지냈다. 그 중 화산華山이 수도에서 가까워 황제가 친히 찾아가서 제를 올리기가 편했기 때문에 가장 중요하게 여겼다. 화산華山의 사당 중에 한대漢代의 《서악화산묘비西嶽華山廟碑》가 한비漢碑 중 가장 크고, 북주北周의 조문연趙文淵이 쓴 《화악송華嶽頌》도 높고 크다. 당唐 현종玄宗은 업적을 좋아해 더욱 큰 비석을 조각하고자 하여 직접 《화산명華山銘》[90] 한 편을 쓰고, 고금에 가장 뛰어난 비석을 만들어 화악華嶽의 사당 안에 두었다. 전하는 말에 의하면, 이 비석은 높이가 4장 남짓이었다는데, 후에 황소黃巢가 봉기했을 때 화산華山의 사당을 소각시키면서 이 비석도 불타버리고 지금은 극히 일부만 남게 되었다고 한다. 문자는 거

---

89. 황소(黃巢): 당말(唐末)에 농민봉기를 이끌었던 영수였다. 광명(廣明) 원년(880)에 낙양(洛陽)과 장안(長安)을 함락시키고 스스로 황제가 되어 국호를 대제(大齊)라고 하였다. 수 년 동안 당군(唐軍)과의 공방전 끝에 결국 지금의 산동성(山東省)의 낭호곡(狼虎谷)이라는 곳까지 후퇴하면서 자살하였다. 일설에는 생질인 임언(林言)에게 살해되었다고도 한다. 황소(黃巢)의 죽음으로 9년여에 걸친 농민전쟁도 막을 내린다. 그러나 당(唐)왕조도 종말을 고하고 오대십국(五代十國)이라는 혼돈의 역사시기로 바통을 넘긴다-역자주.

90. 화산명(華山銘):《화악묘비(華嶽廟碑)》라고도 한다-저자주.

의 대부분 마멸되어버리고 겨우 네 글자정도만 알아볼 수 있다고 한다. 그러나 이 비석이 비록 당대唐代의 제일로 친다고 해도 당인唐人들의 기록에 의하면 몇 개의 큰 돌을 쌓아 만든 것이라고 하는데, 남경南京의 ≪천발신참비天發神讖碑≫와 같다고 한다. 만약 이 기록이 틀리지 않다면, 내가 보았던 당비唐碑 가운데 자랑하기에는 부족하겠지만 그래도 숭산嵩山의 ≪성덕감응송聖德感應頌≫을 가장 크다고 해야 할 것이다.

당唐 태종太宗 이세민李世民(599~649)은 자신의 친구와 장사들에게 지극한 애정을 갖고 있어서 그는 생전에 다음과 같이 규정하였다. 만약 자신의 공신과 장군들이 죽게 되면 반드시 자신의 무덤 좌우에 장사지내라고 하였다. 이로부터 문무공신의 배릉제도陪陵制度가 정해졌다. 당唐 태종太宗의 무덤을 소릉昭陵이라고 하고, 소릉昭陵에 순장된 공신과 장상, 그리고 비빈妃嬪·공주公主까지 더해 도합 100여 명으로, 순장된 사람마다 무덤 앞에는 비석을 세웠다. 소릉昭陵 구역은 그 자체로 대규모의 비림인 것이다. 그 수많은 초당初唐 시기 명인들의 묘비 중에서 지금은 겨우 3, 40개뿐이고, 게다가 이미 파손되어 완전치 못하다. 처음 비석에서 탁본한 사람들은 완전한 탁본을 팔았는데, 이를 "소릉전탁昭陵全拓"이라고 하였다. 만청晩淸 탁본에는 또 40여 종이 있지만, 민국民國 초기의 "전탁全拓"은 26종만이 남아있다.

이후의 당대唐代 황제들은 덕업德業이 부족하고, 군신간에도 두터운 정이 없었다. 황제는 신하들의 순장을 바라지 않았고 신하들도 순장되기를 원치 않았다. 이런 이유로 능원陵園 주변에 더 이상 함께 순장된 장군과 재상들의 묘비가 없게 되었다.

당인唐人들은 서법을 중하게 여겼고, 또 서예로써 유명한 사람도 무척 많았다. 당비唐碑에는 모두 비문 작성자와 비석에 서단書丹을 행한 신하의 이름을 새겨 넣었는데, 이 점은 한비漢碑에는 없었던 것이다. 초당初唐 때에 비문을 쓴 명가로는 저수량褚遂良(596~658)·우세남虞世南(558~638)·왕지경王知敬·구양순歐陽詢(557~641)·통부자通父子·설직薛稷(649~713)·요형제曜兄弟가 있다. 성당盛唐 때에는 안진경顏眞卿(709~784, 혹은 709~785)·이옹李邕(678~747)·채유린蔡有鄰·한택목韓擇木·양승경梁升卿·서호徐浩(703~782)가 있다. 중中·만당晚唐 때에는 유공권柳公權(778~865)·심전사沈傳師(769~827)·배린裴璘·당현탁唐玄度·유우석劉禹錫(772~842)이 있는데, 그들 각각은 적지 않은 비문을 쓴 적이 있다. 이옹李邕은 일생동안 30여 개의 비문을 썼고, 안진경顏眞卿이 쓴 석각문자는 90여 종이었으며, 사유칙史維則이 예서隸書로 쓴 비석은 40여 개였고, 유공권柳公權이 쓴 비석은 60여 종이었다. 이러한 서법대가들의 글자는 줄곧 사람들에게 애지중지 되었지만 수많은 석각들의 필적이 지금은 많이 남아있지 않다는 것이 안타깝다.

한비漢碑는 예서隸書가 가장 많고, 전서篆書로 된 석각은 지금 10종도 되지 않는다. 북조北朝 비석의 석각은 모두 예서隸書가 변화하는 초기 때의 해서楷書이다. 남조南朝의 비석은 제량齊梁 때 이미 해서楷書를 사용하여 당唐 해서楷書의 선하先河를 열었다. 당대唐代의 비석과 석각은 각 서체의 서법을 구비하고 있다. 태종太宗 이세민李世民이 먼저 행서行書와 초서草書로 비문을 썼고, 그가 쓴 비문으로는 현재 태원太原의 ≪진사명晉祠銘≫, 여항余杭의 ≪병풍비屛風碑≫를 볼 수 있다. 여산驪山 ≪온천명溫泉銘≫의 원석은 이미 없어졌지만 돈황敦煌 석실에 당唐나라 때의 탁본이 하나 전하고 있으며, 현재는 영인본影印本이 전해지고 있다. 회인懷仁이라는 스

님은 20여 년의 공을 들여 왕희지王羲之(303~361, 혹은 321~379)의 글씨를 수집하여 이 글자를 태종太宗이 지은 ≪성교서聖教序≫와 함께 비문에 새겼는데 이름하여 ≪집왕서성교서集王書聖教序≫라고 하였다. 이 비문이 바로 유명한 초서당비草書唐碑이다. 이 비석은 현재 서안西安의 비림에 있다. 당대唐代 초서草書의 명가인 장욱張旭(675~대략 750)·회소懷素(725~785)가 남긴 몇 개의 석각이 비림에 있다지만 그것은 첩帖이지 비碑는 아니다.

당唐 태종太宗이 왕희지王羲之의 행서行書와 초서草書를 강조하자 초서草書로 비문을 쓰는 일이 크게 유행하였다. 그러나 당唐 현종玄宗 이융기李隆基는 오히려 예서隸書를 제창하였고, 스스로도 우아하고 아름다운 한漢의 예서隸書를 썼다. 그는 모두 30여 개의 비문을 썼는데 지금도 대략 10개가 존재한다. 태산泰山의 마애摩崖에 새긴 ≪태산명泰山銘≫이 그의 명작이다. 그의 영향 아래 개원開元·천보天寶 연간에 많은 예서隸書의 명가들이 나타났는데, 채유린蔡有鄰·한택목韓擇木·사유칙史維則 등이 바로 그들이다. 그들의 예서隸書에는 이미 새로운 변화가 생겨났는데 후세에 "당예唐隸"라고 불렀다. 동시에 위예魏隸를 회복하자는 이들도 나타났는데, 대천령戴千齡이 쓴 ≪북악안천왕명北嶽安天王銘≫이 바로 그것인데, 흡사 ≪수선표受禪表≫·≪상존호주上尊號奏≫와 같다.

이양빙李陽冰은 당대唐代 전서篆書의 대가이다. 그는 자부심이 대단하여 "이사李斯(대략 기원전 280~기원전 208) 이후로 전서篆書의 서법이 내게 직접 전해졌다"며 자화자찬하였다. 천보天寶·대력大曆 연간에 그는 수많은 전자篆字로 된 비문을 새긴 적이 있고, 또 유명한 비석들에 비액碑額을 썼다. 그의 비석의 각문은 기록에 보이는 것은 3, 40종인데, 현재는 ≪천선영기遷先塋記≫·≪삼분기三墳記≫·≪진운현성황묘기縉雲縣城隍廟

記≫ 등 6, 7종만이 존재한다. 이밖에 원자袁滋(749~818)와 구령문瞿令問도 전자篆字로 유명하였다. 원자袁滋에게는 ≪헌원주정원명軒轅鑄鼎原銘≫이 있고, 구령문瞿令問에게는 ≪양화암명陽華巖銘≫이 있다. 이것은 ≪삼체석경三體石經≫을 모방하여 대전大篆·소전小篆·예서隸書 3종의 글자체로 쓴 것인데, 당비唐碑 중에서도 특이한 석각이다. 이밖에 또 서명하지 않은 사람이 쓴 ≪벽락비碧落碑≫도 세상에 유명해진 당비唐碑이다. 이 비문의 전자篆字는 매우 괴이하여 알아 볼 수 있는 자가 없게 되자 후인들은 어쩔 수 없이 비음碑陰에 해서楷書로 쓴 해석을 새겨놓았다.

당비서법唐碑書法의 정종은 역시 정해서正楷書이다. 위진남북조魏晉南北朝 이래로 한漢나라 예서隸書가 점차 해서楷書로 변화하였고, 해서楷書의 글자 형태와 구조는 당대唐代에 통일되었기 때문에 서법사에 진秦의 전서篆書가 있게 되었다. 한예漢隸·당해唐楷의 호칭은 중국문자 서법변화에 있어 세 개의 중요한 단계이다. 우리는 초당初唐 때의 몇몇 서법 명가의 글씨로부터 각자 필법의 연원을 알 수 있다. 저수량褚遂良의 ≪이궐삼감기伊闕三龕記≫와 포문해包文該의 ≪연공송袞公頌≫은 강유위康有爲(1858~1927)에 의해 북위北魏 예서隸書와 해서楷書를 계승한 '당해唐楷'이고, 우세남虞世南·구양순歐陽詢 등의 필법은 남조南朝에서 왔다고 여겨졌다. 그 구별은 필세筆勢의 강유剛柔와 파책波磔[91]의 방원方圓에 있다. 성당盛唐 이후에 이런 구별은 날로 융합되면서 필획 구조의 굵고 가는 것에서 방법을 취하게 되었다. 안진경顏眞卿(709~784, 혹은 709~785)과 소령지蘇靈芝(713~?)는 갈수록 자체가 굵어졌지만 유공권柳公權은 안진경

---

91. 파책(波磔): 서법의 하나로 '영'자팔법(永字八法)의 제8책(磔)을 말한다. 사선(斜線)을 오른쪽 아래로 삐치는 필법이다-역자주.

顔眞卿 필법을 이용하여 그 비대함을 줄였다. 설직薛稷 형제의 가늘고 강한 필체는 발전하여 宋 휘종徽宗 조길趙佶(1082~1135)의 수금체瘦金體가 되었다. 이렇게 통일된 당唐의 해서楷書 중에서도 서예가들은 여전히 각자의 풍격을 가지고 있었다.

지금 서법에 뜻을 둔 젊은이들이 전서篆書를 배우려면 반드시 《역산비嶧山碑》를 모사해야 하고, 예서를 배우려면 반드시 《예기비禮器碑》·《조전비曹全碑》를 모사해야 하며, 초서를 배우려면 회인의 《성교서聖敎序》를 배워야 하고, 해서를 배우려면 반드시 우세남虞世南·저수량褚遂良·구양순歐陽詢 그리고 안진경顔眞卿·유공권柳公權의 비문碑文을 모사해야 한다. 이들 모두는 한 시기 서법의 정종正宗이라 할 만한 것들을 가지고 있다.

13. 당唐의 묘지墓誌·
탑명塔銘·경당經幢

　　묘지墓誌도 당대唐代 석각의 중요한 부분이다. 각석지묘刻石誌墓의 풍조는 북위北魏에서 성행하기 시작하였다. 동위東魏와 북제北齊의 경우 현재 출토된 묘지墓誌가 적지 않다. 당대唐代는 국운이 길어 출토된 묘지의 수량도 북조北朝를 훨씬 뛰어넘는다. 송인宋人이 엮은 《보각총편寶刻叢編》은 적지 않은 당대唐代의 묘지墓誌를 기록한 것으로 보아 당唐의 묘지墓誌가 송대宋代에 이미 출토되었음을 알 수 있다. 당시에 전체 문장을 기록한 사람이 없어 지금까지도 하나의 명칭만을 알 수 있을 뿐이라는 것이 안타깝다. 특히 시인 온정균溫庭筠(대략812~866)[92]의 묘지墓誌가 그러하다. 만약 전문全文의 기록이 존재한다면, 이 시인의 일생을 좀 더 많

---

92. 온정균(溫庭筠): 당대(唐代)의 시인(詩人)이자 사인(詞人)이다. 본명은 온기(溫岐), 자는 비경(飛卿)이었다. 온정균은 귀족출신이어서 여유 있는 생활을 할 수 있었으며, 자신의 애정시의 모델인 민요를 수집하기 위해 자주 도시의 유흥가를 찾았다. 송대(宋代)에 크게 유행한 사(詞)의 형식과 관련된 새로운 문체의 작시법(作詩法)을 확립하는 데 기여하였다. 사(詞)는 당시의 기방에서 창기(唱妓)가 부른 민요로부터 그 유래를 찾을 수 있는데, 그때까지 전해져오던 악보에서 운율을 빌리고, 악기의 반주에 맞추어 노래했다. 그의 섬세한 운율적 감각과 여성적인 감수성을 불러일으키는 기교는 높이 평가되어 최초의 사선집(詞選集)인 《화간집(花間集)》에서 주요 사인(詞人)으로 인정받았다.

이 좀 더 자세하게 알 수 있었을 것이다. 하승도夏承燾(1900~1986) 선생은 자신이 지은 《사인온비경연보詞人溫飛卿年譜》에서 온정균溫庭筠의 졸년을 알 수 없는 것이 유감이라고 하였다. 나는 《보각총편寶刻叢編》의 기록에 근거하여 편지를 써서 그에게 온비경溫飛卿은 함통咸通 7년에 죽었다고 일러 주었다. 그는 매우 기뻐하면서 자신의 《승교록承敎錄》에 기입하였다. 이 일이 바로 묘지墓誌의 사료史料 가치를 설명하는 것이다.

원명元明 양대는 묘지墓誌의 출토가 매우 적었고 기록이 없는 경우도 있었다. 명대明代 말년에 서안西安의 농민이 《왕거사전탑명王居士磚塔銘》의 당인唐人의 묘지석墓誌石 하나를 발굴했는데, 그 해서楷書가 대단히 우아하고 아름다웠다. 글을 쓴 사람은 "경객敬客"이라고 서명해 두었는데, 성이 경敬이고 이름이 객客일지도 모른다. 이 지석誌石은 출토될 당시에 이미 세 조각으로 갈라졌고, 후에 다섯 조각으로 갈라졌다가 마지막으로 일곱 조각으로 갈라졌으나 탁본은 인기가 높았다. 글자를 배우는 많은 사람들의 모본摹本이 되었고, 삼석초탁본三石初拓本, 오석본五石本, 칠석본七石本의 구별이 있었는데, 이때가 바로 당唐 묘지墓誌 탁본의 전성기였다. 청대淸代 가경嘉慶·도광道光 연간 이후 특히 근 백 년 동안 위魏·당唐 묘지墓誌가 대량으로 출토되었고, 글씨는 《왕거사전탑명》에 비해 더 나은 것들이 얼마나 많이 출토됨으로 인해 《왕거사王居士》의 가치도 떨어지게 되었다.

초初·성당盛唐 시기의 묘지墓誌는 모두 거대한 고분에서 도굴되어 나온 것으로 대부분 세도가문 귀족들의 묘지墓誌이다. 거대한 지석誌石과 정교한 조각은 북위北魏 묘지墓誌의 규격을 지니고 있다. 글씨도 왕왕 유명한 서예가들에게서 나온 것으로 정교하고 아름답다. 예를 들어 구양통歐陽通(?~691)[93]이 쓴 ≪천남생묘지泉男生墓誌≫[94]는 특히 당唐 묘지墓誌 중의 최상품이다. 왜냐하면 구양통歐陽通이 쓴 비문은 현재 큰 해서체楷書體인 ≪도인법사비道因法師碑≫와 작은 해서체楷書體인 ≪천남생묘지泉男生墓誌≫만이 존재하기 때문인데, 이 두 석각은 구양통歐陽通 서법의 전모를 나타내고 있다.

중당中唐 이후에 많은 묘지墓誌들이 생겨났다. 지석誌石의 높이와 넓이는 3, 40cm에 불과하고 명문銘文에 쓴 서문의 문자는 조잡한 것들도 무척 많고 글자체도 거칠고 졸렬하다. 지문誌文에 서술한 묘주墓主도 특별한 점이 없는 것으로 보아 아마도 대부분 중산층의 관리들이나 부유한 상인들인 것 같다. 당시의 사회풍조로는 전반적으로 성대한 장례식이 행해졌다. ≪당회요唐會要≫[95]에 당대唐代의 상시喪事 의례 중 출관하는 대오

....

93. 구양통(歐陽通): 구양순(歐陽詢)의 네 번째 아들이다. 구양순이 세상을 떠났을 때 구양통은 아직 어릴 때라 어머니 서(徐)씨가 아버지의 업을 잇도록 지극하게 훈육하였다. 구양순의 친필 글씨가 민간에 흩어져 있는데 서씨가 높은 가격임에도 불구하고 몇 점을 사들여 구양통으로 하여금 모사하도록 하여 서법이 크게 정진하였다. 구양통은 특히 해서에 뛰어났는데, 당시 사람들은 이 부자의 서법을 가리켜 "대서구양체(大小歐陽體)"라고 불렀다-역자주.

94. 천남생묘지(泉男生墓誌): 천남생(634~679)은 원래 연남생(淵男生)인데, 당(唐) 고조(高祖) 이연(李淵)의 이름인 "연(淵)"자 사용을 피해서 천남생(泉男生)이라고 하였다. 그는 고구려(高句麗) 사람으로 그 아버지는 연개소문(淵蓋蘇文)이다. 당(唐) 정관(貞觀) 16년(642)에 연개소문(淵蓋蘇文)이 정적들을 모조리 척살하고 스스로 막리지(莫離支)의 지위에 오른다. 막리지(莫離支)는 당(唐)의 병부상서 겸중서령(兵部尙書兼中書令)에 해당하는 국사를 독재할 수 있는 권력이 막강한 자리이다. 건봉(乾封) 원년(666)에 연개소문(淵蓋蘇文)이 사망하면서 연남생(淵男生)이 막리지(莫離支)가 된다. 연남생(淵男生)은 그의 동생인 연남건(淵男建)·연남산(淵男產)과 사이가 좋지 않았는데, 결국 아우들에게 축출당해 당(唐)에 투항하였다. 당(唐) 고종(孤宗)은 그를 요동대도독겸평양도안무대사(遼東大都督兼平壤道安撫大使)에 임명하고, 현견군공(玄菟郡公)에 봉해졌다-역자주.

95. 당회요(唐會要): 당대(唐代)의 전장제도(典章制度)의 연혁과 변천을 기술한 사서(史書)인데, 처음에는 ≪신편당회요(新編唐會要)≫라고 했지만 줄여서 ≪당회요(唐會要)≫라고 하였다. 중국역사상 첫 번째 ≪회요(會要)≫ 전문저작이다. "회요(會要)"란 한 조대(朝代)의 제도나 연혁을 기록한 책이라는 의미이다. 도합 100권으로 북송(北宋) 때의 왕부(王溥, 922~982)가 지었다. 현존하는 회요(會要)의 모든 것은 ≪당회요(唐會要)≫부터 시작한다-역자주.

에 "지석정誌石亭"이라는 것이 있었다는 기록이 있다. 이로 보면 묘지석墓誌石은 출관할 때 채색비단이 둘러쳐진 정자亭子 안에 설치하여 공개적으로 묘혈로 보내야 하는 것이었음을 알 수 있다. 이렇게 하여 사람들이 장례를 치를 때 묘지墓誌는 없어서는 안 될 물건이 되었다. 대체로 이런 풍기는 중당中唐 이후로 민간에 보편적으로 행해졌는데, 그런 이유 때문에 마구잡이로 만든 수많은 작은 묘지墓誌들도 출현하게 되었다. 이런 묘지墓誌의 탁본들은 비고碑估[96]들이 "소당묘지小唐墓誌"라고 불렀는데, 중화인민공화국이 수립되기 이전에 비고碑估들은 10장 혹은 20장을 한 묶음으로 했지만 판매가는 2원元에 불과하였다.

지금까지 출토된 당의 묘지墓誌는 공개적으로 기록된 것만도 4천장이 넘는다. 또 각 성시문물관리위원회省市文管會의 창고에 아직 공개하지 않은 지석誌石들이 적지 않게 쌓여있다. 하남성河南省의 장방張鈁(1886~1966)이라는 사람이 개인적으로 소장하고 있는 묘지석墓誌石만도 천 개 이상이라고 하는데, 그 보관장소를 당唐나라 때의 묘지墓誌가 천 장이 보관된 방이라는 의미의 "천당지재千唐誌齋[97]"라고 하였다. 이런 묘지墓誌들은 잘 보존되어 있어 중주고적中州古籍출판사가 그 전체 탁본을 인

....
96. 비고(碑估): 비문을 탁본해 파는 것을 업으로 하는 상인을 가리킨다. "고(估)"자는 "고(賈)"자와 통한다. 이들 가운데 비석 탁본에 뛰어나거나 감별에 정통한 사람들이 많아 비석에 글자나 그림을 새기는 "비각(碑刻)"의 유전과 연구에 이바지 한바가 크다-역자주.
97. 천당지재(千唐誌齋): 낙양(洛陽) 신안현(新安縣) 철문진(鐵門鎭) 서북쪽 모퉁이에 있다. 신해혁명(辛亥革命)의 원로이자 제2회 전국정협위원(全國政協委員)이었던 장방(張鈁)이 건립한 것으로 중국 유일의 묘지명(墓誌銘) 박물관이다. 방 안에 양감묘지(鑲嵌墓志)·비갈(碑碣) 1419건이 있는데, 그 가운데 당대(唐代)의 묘지(墓誌)가 1191건이다. 당대의 역사와 사회를 연구하는 데에 진귀한 자료로 제공되는데 사학계에서는 이를 돌에 새긴 당의 역사라는 의미의 "석각당서(石刻唐書)"라고 까지 평가하였다. 1997년에 중국전국중점문물보호단위(中國全國重點文物保護單位)로 승격되었다-역자주.

쇄할 것이라고 한다. 운남성雲南省 등충현騰沖縣의 이근원李根源 (1879~1965)이 당唐나라 묘지墓誌 93석石을 소장하고 있는데, 작년에 제노서사齊魯書社가 탁본을 모두 인쇄하였다. 그 중에 가장 주목을 끄는 것은 시인 왕지환王之渙(688~742)의 묘지墓誌이다. 서내창徐乃昌(1869~1943) 역시 당唐나라 묘지墓誌 10여 석을 소장하고 있는데, 탁본이 세상에 알려지는 것을 아까워해서 외부 사람들은 그 세부내용을 확실히 알 도리가 없다. 역사 문헌과 관련이 큰 것은 ≪고하우묘지高霞寓墓誌≫인데, 내가 비문을 수집한지 20년이나 되었지만 아직까지 그 탁본을 보지 못했다. 현재 원석原石은 화동사범대학도서관華東師範大學圖書館에 귀속되었고, 나는 아직도 탁본을 구하지 못했다.

당대唐代에는 묘비墓碑와 묘지墓誌 사이에 "탑명塔銘"이라는 것이 출현하였다. 비구승과 비구니가 죽고 나면 모두 화장火葬[98]을 하고 탑 모양의 묘를 만들어 유골을 탑 안에 안치하였다. 이밖에도 방형이나 장방형의 지명誌銘을 새겨서 탑의 정면에 쌓았다. 탑명塔銘이 묘지墓誌가 아닌 이유는 땅속에 묻지 않기 때문이고, 또한 묘비墓碑도 아닌 이유는 결코 무덤과 분리되어 독립되었던 것도 아니었기 때문이다. 그러나 탑명塔銘의 문자는 오히려 묘지墓誌와 같은 형식이다. 탁본을 보면 결코 구분은 없지만 그 가운데 정방형의 것은 매우 적다. 일반적으로 수장가收藏家들은 모두 탑명塔銘을 묘지류墓誌類에 귀속시킨다. 집에서 수행하던 거사居士 혹은 불교를 신봉하는 부녀자들은 죽은 후에도 화장되었는데, ≪왕거사전탑명王居士磚塔銘≫·≪부인정씨탑명夫人程氏塔銘≫이 바로 그 한 예이다. ≪정씨탑명程氏塔銘≫의 글씨 역시 대단히 훌륭해서 ≪왕거사전탑명≫과 이름

....
98. 화장(火葬): 불교에서는 "다비(茶毗)"라고 한다-저자주.

을 나란히 하여 ≪소전탑명小磚塔銘≫으로 불렸다. 이런 탑은 대부분 벽돌을 이용해 쌓은 것이어서 전탑磚塔, 또는 "영탑靈塔"이라고도 하였고, 송원宋元 때는 또 "회신탑灰身塔"이라고 했는데, 보통은 승탑僧塔이라고 칭하였다. 이런 탑은 거의 옛 사찰 안에는 다 있었으며, 그 중 소림사少林寺의 탑림塔林이 장관이었다.

경당經幢[99] 또한 당대唐代에 성행했던 불교석각이다. 일반 형식은 육각형 혹은 팔각형의 돌기둥으로 위에는 보개寶蓋가 있고, 아래에는 연화좌蓮花座가 있는데, 불전佛殿이나 삼문三門 앞 혹은 큰 길 입구나 역참 곁에 세웠다. 기둥의 각 면에 새긴 것은 불경으로 ≪금강경金剛經≫이나 ≪다라니경陀羅尼經≫이 가장 많았다. 경문經文의 앞에는 서언序言이 있고, 뒤에는 재물을 내어 경당經幢을 세우도록 한 사람의 이름 및 글자를 새겨 넣은 사람의 이름이 있다. 이런 경당經幢은 문자의 내용으로 보아 사료나 문헌의 가치도 없고, 서법 또한 명가의 손에서 나온 것이 아니어서 여태까지 관심을 갖는 사람이 없었다. 청대淸代 이전의 석각의 기록에는 모두 경당經幢을 집어넣지 않았다.

당대唐代에는 또 목판 각인의 서적이 극히 적은데, 거의 모든 서적들이 수사본手寫本이다. 일부 관직을 얻지 못한 지식인들은 글을 써서 내다

---

99. 경당(經幢): 주로 석재를 이용해 만든 건축물로, 그 위에 불교의 경문이나 불상을 새겼다. 당(幢)은 원래 중국 고대 의장(儀仗) 중의 깃발인 "정번(旌幡)"으로, 장대 위에 천을 묶어 만들었다. 이를 "당번(幢幡)"이라고도 하였다. 인도에서 불교가 들어올 때 불경 혹은 불상을 우선적으로 깃발에 썼다. 이는 경전을 잘 지켜 훼손을 막고자 한 것이었다. 후에는 돌기둥에다 새겼는데, 주로 ≪다라니경≫을 새겼다. 이 때문에 경당(經幢)이라고 부르게 되었는데, 고대의 정번(旌幡)이라는 깃발에서 유래한다. 경당(經幢)은 보통 당정(幢頂)·당신(幢身)·기좌(基座)라는 세 부분으로 구성되는데, 주체는 당신(幢身)이다. 불교의 경문이나 불상 등을 새겼는데, 주로 육각형이나 팔각형이었다. 중국은 오대(五代)시대와 송(宋)나라 때 가장 많았다. 이 경당(經幢)은 주로 사방으로 통하는 큰 길이나 사원 등에 안치하였다. 또 묘 앞이나 묘실로 통하는 길·묘실 안·묘의 주변에 두기도 하였다~역자주.

파는 것에 의존해 생활하였다. 그들이 쓴 것은 대부분 유儒·석釋·도道 3교의 경전이었기 때문에 "경생經生"이라고 하였다. 대부분의 경생經生은 서법이 그다지 나쁜 편이 아니었다. 만약 잘 쓰지 못한다면 이들의 사본寫本을 살 사람이 없었을 것이다. 그러나 현존하는 돈황敦煌의 고서古書 중에는 유치하고 졸렬한 글자들이 많다. 이는 돈황敦煌이 멀리 서쪽 변경에 있었던 탓에 사원에서 경문經文을 베껴 쓸만한 고수를 고용하기 어려웠기 때문이었을 것이다. 중원中原 및 오월吳越 지역의 경당經幢으로 말하자면 서법에 있어서는 아주 뛰어난 것들이라고 하겠다. 나는 소흥紹興에 있는 상복사上福寺의 다라니경 탁본을 소장하고 있는데, 해허기奚虛己가 쓴 것은 글씨체도 왕행만王行滿과 구양통歐陽通(?~691)보다 못하진 않다. 다만 경생經生의 사회적 지위가 높지 않았기 때문에 사대부들에게 경시를 당했을 뿐이다. 만청晚清의 비문 학자 섭창치葉昌熾(1849~1917)[100]는 경생經生들의 서법에 대해 불만이 많아서 의도적으로 각지의 경당經幢 탁본을 500여 종 넘게 수집하였다. 그리고는 자기의 서재 이름을 "오백경당관五百經幢館"이라고 지었다. 1956년에 나는 상해고적上海古籍 서점의 비첩부碑帖部에서 네 묶음의 큰 탁본을 발견했는데, 모두가 경당經幢으로 섭씨葉氏의 인장에 간간이 섭씨葉氏의 제시題辭와 발문跋文까지 적혀있어서 바로 섭씨葉氏의 집안에서 나온 오백경당五百經幢 탁본 중의 한 벌임을 알아챘다. 하지만 나는 그 당시에 사들일 여력이 없어 눈앞의 좋은 기회를 놓치고 말았다. 한 달 남짓 지나서 그 서점의 종업원에게 그 탁본들의 행방을 물었더니 상해上海에서는 구매자가 없어서 북경北京의 유리창琉璃廠[101]으로 운송해버렸다고 하였다. 최종적으로 누구의 손에 들어갔는지

....
100. 섭창치(葉昌熾): 자가 국상(鞠裳)이다−저자주.

는 알 수가 없다.

첩각帖刻도 당대唐代에 기원을 두고 있다. 당唐 이전은 모든 석각문자를 비碑라고 불렀고, 당唐 이후로 비碑와 첩帖을 구별하게 된다. 당唐 태종太宗은 왕희지王羲之의 서법을 좋아해 ≪난정서蘭亭序≫를 옥판玉板에 새기고는 탁본을 해서 신하들에게 하사하였다. 이 탁본을 얻은 사람은 이를 본떠 대추나무로 만든 목판이나 석판에 새겼고, 이 덕분에 탁본은 세상에 널리 퍼졌다. 이런 목각이나 석각 문자를 "비각碑刻"이라고 하지 않고 "첩각帖刻"이라고 한다. 진시황秦始皇의 ≪역산각석繹山刻石≫의 경우 당대唐代에는 대추나무 번각본翻刻本이 있었다. 원석에서 떠낸 탁본은 "비본碑本"이라 부르고, 대추나무로 만든 목판에서 떠낸 탁본인 경우는 "첩본帖本"이라고만 부를 수 있다. 승려 회인懷仁이 왕희지王羲之의 글씨를 모아서 새긴 ≪성교서聖敎序≫는 비문의 역할에서 보면 "비碑"라고 이름을 정해야 할 것이고, 글씨 서법의 역할에서 보면 "첩帖"이라고 이름을 정해야 할 것이다.

어떤 이는 가로로 긴 석각이 첩帖이고, 세로로 긴 것이 비碑라고 하였다. 이런 구별은 송대宋代 이후에나 적용될 수 있을 뿐이다. 왜냐하면 ≪순화각첩淳化閣帖≫ 이후부터 역대의 첩각帖刻은 모두 가로로 된 석각을 사용했기 때문이다. 그러나 소림사少林寺 탑림塔林에 있는 일부 당대唐代 고승의 탑명塔銘은 가로로 된 석각을 사용하고 있는데 이것들을 첩帖이

---

101. 유리창(琉璃厰): 유리창이라는 큰 길은 북경의 화평문(和平門) 밖에 위치한다. 북경의 유명한 문화의 거리이다. 이 거리는 청대(淸代)에 그 기원을 두는데, 당시에 각 지역에서 북경으로 과거를 보러오는 선비들이 대부분이 일대에서 묵었다. 이 때문에 이곳에서 서적과 필묵 그리고 종이와 벼루를 파는 점포들이 갈수록 많아졌고, 결과적으로 농후한 문화적인 분위기를 형성하게 되었던 것이다. 이곳에는 골동품이나 서화작품들을 파는 점포들이 많다. 북경을 여행하는 외국인들도 한 번쯤은 둘러보는 곳이다-역자주.

라고 말할 수 있겠는가? 결론적으로 비碑와 첩帖의 구별을 간단하게 정의하기는 무척 어렵다. 주로 새긴 문자의 의도 및 시대에 의해 구분되어진다고 본다. 대체로 고대나 당대當代 명인의 글씨를 새기는 목적이 서법을 배우고자 하는 사람들에게 제공하는 것이면 이것은 첩帖이다. 대체로 당대當代의 사료와 전기傳記·시문詩文을 새기는 목적이 문헌을 보존하여 후세에 전하기 위한 것이라면 이것은 비碑다. 그러나 비문의 탁본이 책으로 엮여져 서법 모사模寫에 제공되는 것은 지금도 첩帖으로 통칭한다. 일반인들은 단지 임첩臨帖이라고 말할 뿐 임비臨碑라고 말하지는 않는다.

부기附記

　본 문장(13장)은 실제로는 ≪당대석각문唐代石刻文≫의 하편에 해당하는 내용이다. 전문이 비교적 길어 두 편으로 나누었는데, 하편에다 별도의 제목을 붙였다. 저자 씀.

14. 금석金石의 소품小品

　　금석학金石學은 본래 삼대三代의 청동이기靑銅彝器 명문銘文과 역대 석각 비석의 문자를 연구 대상으로 삼았을 뿐이다. 그러나 고대 문물이 대량으로 출토됨에 따라서 금속 문물은 이미 삼대三代의 이기彝器에 제한되지 않게 되었고, 석각 문물도 그것들과 서로 비슷한 종류로 확대되었다. 그래서 금석연구의 대상은 갈수록 많아지고 금석학의 영역도 갈수록 넓어졌다. 지금부터는 1, 2백 년 동안 금석학에 새로이 편입된 고대 문물을 얘기하고자 한다. 그것들은 모두 크기가 작은 것들이어서 이름을 "금석소품金石小品"이라고 하였다.

　　고병古兵 고대의 병기兵器는 모두 명문銘文을 새겼는데, 제조자 혹은 사용자의 인명, 혹은 나라의 이름과 군대의 이름을 기록하였다. 상商·주周·전국시대戰國時代의 도검刀劍은 한위漢魏 때 벌써 옛 전장戰場에서 발견되었다. 양대梁代의 도홍경陶弘景이 《고금도검록古今刀劍錄》 한 권을 썼는데, 고대 병기에 관한 최초의 기록이다. 송인宋人의 《고고도考古圖》·《박고도록博古圖錄≫·≪설씨종정관지薛氏鐘鼎款識≫도 고대의 병기를 수록하였고, 종류도 한대漢代의 쇠뇌로까지 확대하였다.

조판詔版 진시황秦始皇이 전국의 도량형 제도를 통일하였다. 진대秦代의 도량형 도구에는 시황제始皇帝의 조서詔書를 새기거나 혹은 조서詔書의 전문을 동판에 주조하여 기구에 고정시키거나 하였다. 이런 물건을 "조판詔版"이라고 하였다. 이 물건은 송대宋代에 이미 사람들에게 발견되었고, 청대淸代에 이르러서는 출토되는 양이 점차 많아졌다. 그래서 진秦의 조판詔版을 수집하는 것이 한 때 금석학의 유행이 되기도 하였다.

한위동기漢魏銅器 한대漢代의 귀족이 생활에 사용했던 동기銅器는 대단히 정교하게 제작되었는데, 송인宋人들은 앞 다투어 소장하고자 하였다. ≪설씨종정관지薛氏鐘鼎款識≫의 마지막 3권이 바로 ≪한기漢器≫로, 당시에 획득한 한기漢器 42건을 기록하고 있다. 그 중에는 정鼎·노爐·등燈·호壺·세洗[102] 등의 물건들이 있다. 청대淸代 완원阮元의 ≪적고재종정관지積古齋鐘鼎款識≫에 ≪진한위진기秦漢魏晉器≫ 2권이 있는데, 97건을 기록하고 있다. 한漢나라 동기銅器의 명문銘文은 대부분 기물의 중량이나 제조 장인의 이름과 기물의 소재지를 기록했는데, "상림궁上林宮"·"장신궁長信宮"과 같은 것이 바로 그것이다. 이런 명문銘文들은 모두 편방형扁方形의 전서篆書를 사용하고 있는데, 글자는 작고 정교해서 특별히 전각가篆刻家들의 관심을 끌었다.

....
102. 세(洗): 세숫대야를 말한다—저자주.

고경古鏡 한대漢代의 동경銅鏡은 당송唐宋 때 이미 출토되었다. 아주 외진 곳이나 심지어 민간에서 사용했기 때문에 학인들의 관심을 끌지 못했다. 청대淸代 중엽 이후로 한경漢鏡의 출토가 많아지면서 고경古鏡의 소장은 한 때 문물에 대한 새로운 기호가 되었다. 이러한 취미는 한경漢鏡으로부터 당경唐鏡, 또 당경唐鏡으로부터 확대된 송宋·원元·명경明鏡에까지 이르게 된다. 가경嘉慶 2년(1797), 전점錢坫의 ≪완화배석헌경명집록浣花拜石軒鏡銘集錄≫ 2권은 고대 동경銅鏡의 명문銘文을 기록한 첫 번째 책이다. 이후에 양정단梁廷枏의 ≪등화정경보藤花亭鏡譜≫ 8권 도광道光 25년(1845), 나진옥羅振玉의 ≪고경도록古鏡圖錄≫ 3권 민국民國 5년(1916), 서내창徐乃昌의 ≪소단란실경영小檀欒室鏡影≫ 6권 민국民國 25년(1936)이 있게 된다. 나진옥羅振玉에게는 ≪경화鏡話≫ 1권과 ≪고경명집古鏡銘集≫ 1권이 더 있는데 ≪요거잡저遼居雜著≫에 수록되어 있다. 이로부터 고경古鏡도 금석의 기록에 편입되게 되었다.

고천古泉 송인宋人 홍준洪遵은 역대 화폐에 대해 기록한 책을 저술하고는 ≪천지泉誌≫[103]라고 이름을 지었다. 화폐가 역사의 문물이 되어 중시되고 진품으로 감상되게 된 것은 이로부터 시작되었다. 명청明淸 양대兩代는 각 시대별 화폐는 물론이고 심지어 나라별 화폐의 수집도 유행이었다. 그러나 당시에 수집한 것 중 가장 오래된 것은 전국시대戰國時代 제齊나라의 도폐刀幣, 혹은 진한秦漢의 반량半兩·오수전五銖錢, 혹은 왕망王莽 때의 화포貨布일 뿐이다. 근 백 년 동안 발굴한 문화퇴적층은 갈수록 깊어졌고, 이미 대량의 상주商周시대 포폐布幣와 환화圜化가 출토되어 중국

....
103. 천지(泉誌): "천(泉)"은 "전(錢)"의 고체자(古體字)이다—저자주.

의 화폐사貨幣史를 크게 전진시켰다.

옛날 화폐 수집에 있어 한 조대朝代의 화폐만을 모으길 좋아해서 많이 모으는 것을 목적으로 하는 사람도 있다. 송대宋代 이후로 황제마다 연호를 화폐에 주조했기 때문에 송宋·원元·명明·청淸이라는 네 개 왕조의 화폐는 전체 세트가 다 있다고 할 수 있는데, 이 전체를 다 수집하기는 쉽지 않다. 예를 들어 명말明末의 홍광전弘光錢과 영력전永歷錢의 경우 주조된 수량이 많지 않았을 뿐만 아니라 통용된 지역도 넓지 못했기 때문에 지금 이 화폐를 수집하기란 정말로 어렵다. 괴뢰정권의 화폐만을 수집하는 사람도 있었는데, 예를 들어 비합법적인 제齊나라 장방창張邦昌(1081~1127)의 부창전阜昌錢이 바로 그것이다. 혹은 정권이 길지 않고, 통행지역도 국부적인 곳에 제한된 화폐만을 수집하는 사람도 있었는데, 예를 들어 한림이韓林兒(?~1366)의 용봉전龍鳳錢과 홍수전洪秀全(1814~1864)의 태평천국전太平天國錢이 바로 그것이다. 지금에 이르러 옛 화폐를 수집하는 것은 우표를 수집하는 것과 같이 젊은이들의 문화적인 오락이 되었다.

부패符牌 ≪적고재종정관지積古齋鍾鼎款識≫는 한대漢代 출병용의 동호부銅虎符[104]에 관해 기록하고 있다. 이것이 바로 ≪사기史記·신릉군전信陵君傳≫에서 언급했던 병부兵符이다. 이 두 개의 실물이 발견된 후에야 그것의 제작형상을 볼 수 있게 되었다. 후에 각종 병부兵符의 출토가 많아졌다. 한대漢代부터 수대隋代까지 출병은 모두 호부虎符로써 신임했다. 당대唐代에 이르면서 출병에 있어 호부虎符를 사용하지 않고, 달리 동銅으로

....
104. 동호부(銅虎符): 옛날에 동으로 만든 범 모양의 병부(兵符)를 말한다-역자주.

만든 어부魚符와 귀부龜符를 두고서 궁성을 출입할 때 신분증으로 사용하였다. 송대宋代 이후로는 부신符信으로 쓰지 않고 패牌를 사용하는 것으로 바뀌었다. 동패銅牌도 있고, 아패牙牌도 있으며, 원형으로 된 것도 있고, 장방형으로 된 것도 있다. 대체로 궁성을 출입할 때 문무관원이나 군대의 일로 명을 받들어 이동하는 군인들은 모두 반드시 몸에다 패牌를 차야 했다. 부符와 패牌는 명칭은 다르지만 기능은 같았기 때문에 "부패符牌"라고 하여 금석문물에 속하는 하나의 종류로 총칭하였다. 구중용瞿中溶에게 부패符牌에 관한 최초의 전문적인 연구서인 ≪집고호부어부고集古虎符魚符考≫ 1권이 있었고, 나진옥羅振玉에게 최초의 부패符牌 탁본의 보록보록譜錄인 ≪역대부패도록歷代符牌圖錄≫ 2권이 있었다.

고인古印　고대의 동인銅印도 점진적으로 금석학의 영역에 편입되었다. 고인古印에는 두 종류가 있는데 하나는 개인이 사용하는 인장으로 인문印文은 사람의 성과 이름이었고, 다른 하나는 관청에서 사용하는 인장으로 인문印文은 직관명職官名이었다. 역사학자들은 관인官印을 좋아하고, 전각가篆刻家들은 사인私印을 좋아하였다. 근 백 년 동안 한인漢印 이전에 이미 진왕秦王의 도장인 진념秦鈢[105]과 전국戰國 때의 인신印信을 발견하였다. 한漢나라 이후로 역대 관인官印의 출토가 더욱 많았다. 동인銅印이 옥인玉印·아인牙印·목인木印·이인泥印[106]으로 발전한 덕에 금석학 연구에 또한 분류인 "새인璽印"이 증가하였다. 청대淸代의 진개기陳介祺는 1만여 개

---

105. 념(鈢): 이 글자는 새(璽)자와 통한다—저자주.
106. 이인(泥印): 봉니(封泥)라고도 한다—저자주. 봉니(封泥): 옛날 죽간겸백(竹簡縑帛)을 사용하던 때에 왕복하는 서함(書函)을 새끼로 묶고 그 매듭을 진흙으로 봉하던 일을 말하는데, 그 위에 도장을 찍어 남들이 함부로 개봉하지 못하게 했다—역자주.

의 고인古印을 소장했다고 하는데, 그 서재를 이름하여 "만인재萬印齋"라고 하였다. 또 그가 가진 고인古印을 ≪십종산방인거十鐘山房印擧≫로 엮었는데, 지금까지도 고인보古印譜의 거작이 된다.

석각 방면은 앞에서 비碑의 개념이 일찍부터 돌 위에 새긴 어떤 문자로 확대되었다고 하였다. 이 때문에 그 문자는 그 문자의 이웃으로 발전할 수밖에 없는데, 가장 가까운 이웃이 도기匋[陶]器문자이다.

와당瓦當 먼저 발견된 것은 진한秦漢의 와당瓦當이다. 와당瓦當은 궁전 건물 처마 끝 원통형 기와의 바닥으로, 원형으로 된 덧기와인 복와覆瓦와 반원형으로 된 암키와인 앙와仰瓦가 있다. 초기의 와당瓦當에는 꽃무늬는 있었지만 글자는 없었다. 진한秦漢의 와당瓦當에는 글자가 있는 것도 꽃무늬만 있는 것도 다 있다. 글자가 있는 것은 일반적으로 항상 네 글자의 상서로운 말로서, 8자와 12자로 된 것도 있지만 흔히 보이는 것은 아니다. 와당瓦當에 대해서는 송대宋代에 이미 기록한 사람도 있었지만 고고학적 문물에는 아직 집어넣지 않았다. 청대淸代 건륭乾隆 때 항주杭州 사람 주풍朱楓이 관중關中지역을 여행하며 많은 와당瓦當을 수집해 ≪진한와당도기秦漢瓦當圖記≫를 엮고 건륭乾隆 24년(1759)에 판각했는데, 이것이 와당문瓦當文의 첫 번째 도보圖譜이다. 이후로 기풍이 되면서 문인학사들은 와당瓦當을 몇 개씩 수집해 벼루를 만들었는데, 이를 "와당연瓦當硯"이라고 하였다. 골동품이자 문방사보의 하나로 책상 위에 두었을 때 무척 예스럽고 우아한 운치가 있다. 그래서 농민들은 밭을 갈다 절반의 원통형 기와라도 주웠을 때 둥근바닥이 온전하기만 하면 비싼 가격으로 팔 수 있었다. 문자가 다른 것과 차이가 있어 새로운 종류라면 특히 사람들의 부러움을 샀다. 주풍朱楓 이후로 편집해서 책을 만드는 사람들이 종종 있었다. 일본日本조차도 와당도록瓦當圖錄을 펴낸 적이 있었다. 중화인민공화국이 수립된 이후에 와당도록瓦當圖錄은 4, 5종이 출판되었다. 1965년에 섬서박물관陝西博物館이 편집하고 인쇄한 ≪진한와당秦漢瓦當≫이 가장 훌륭하다. 이 책은 무척 보기 힘든 137품의 와당瓦當을 수록하고 있다.

와당瓦當은 글자가 있는 것이 귀하다. 글자가 없는 것은 학자들의 관심을 끌지 못했다. 문자는 보통 4자였다. 왜냐하면 매 글자의 위치가 바로 원형의 4분의 1이기 때문에 한 변은 둥글고 양쪽은 모가 난다. 글자마다 이런 공간에 맞아야 했기 때문에 맴돌 듯 구불구불한 전지篆字로 썼던 것이다. 이런 전지篆字를 "무전繆篆"이라고 하였고, 석각비문에서는 볼 수 없는 것들이다. 전각가篆刻家들이 가장 흥미로워 했던 것은 와당문瓦當文에서 전서篆書 서법을 배운다는 것이었다.

도량陶量 와당瓦當 이후로 진대秦代의 도량陶量이 발견되었다. 양량量은 곡물을 재는 용기로, 사면에 진시황秦始皇의 조서詔書가 있다. 이 용기는 목각 전문篆文 인장으로 도기陶器에 날인한 다음 가마에 집어넣어 구워낸 것이다. 이러한 문자는 진대秦代 사람들이 쓴 이사李斯의 소전小篆이 분명한데, 태산泰山과 낭야琅邪의 시황석각기공문始皇石刻紀功文과 똑 같이 유명하고 진귀하다. 그러나 이 물건들이 모두 파편형태로 출토되었다는 점이 안타깝다. 민국民國 초년에 황준黃濬이라는 사람이 온전한 것을 손에 넣은 것이 유일하며, 이후 누구도 두 번째의 온전한 도량陶量을 얻었다는 소리를 들어보지 못했다.

고도古匋 도량陶量 이후로 또 춘추전국春秋戰國 시대의 도기陶器 파편이 발견되었는데, 대부분 글자가 새겨져 있었다. 대체로 용기를 만든 자나 사용자의 이름으로 한두 자에서 열 자까지 글자 수가 다양하였다. 글씨는 금문金文의 대전大篆과는 분명히 다른 민간의 속체서俗體書였다. 이 때문에 이런 고도문古陶文은 문자학자에게는 대단한 연구가치가 있다. 이런 도기陶器 조각은 대부분 제齊와 노魯의 들판에서 나온 것으로, 진개기陳介祺라는 사람이 천 편 넘게 소장하고 있었다.

고전古専[磚] 강남江南의 호주湖州·해녕海寧·소흥紹興 등 각지에서 가경嘉慶 연간에 수많은 남조南朝의 무덤용 벽돌인 묘전墓専[107]을 발견했는데, 동진東晉의 벽돌이 가장 많았다. 당시 민간의 풍속에 사대부 이상은 장례를 치르고 무덤을 만들 때는 반드시 특별하게 구워낸 묘전墓専을 사용하였다. 이런 묘전墓専은 견고하고 무거웠으며, 양측에는 문자로 장례를 치르는 연월과 묘주墓主의 이름 혹은 장례를 치르는 자손들의 이름을 기록하였다. 이런 묘전墓専은 송대宋代에 보았던 사람이 있었지만 관심을 끌지는 못했다. 청대淸代 가경嘉慶 연간에 이르러 장숙미張叔未(1768~1848)·장연창張燕昌(1738~1814)·진남숙陳南叔·육심원陸心源(1834~1894) 등의 사람들이 대량으로 사들이면서 옛 벽돌인 고전古専도 금석연구의 영역에 들어갔다. 육심원陸心源이 800여 개를 소장하고는 《천벽정고전도록千甓亭古専圖錄》 20권을 만들어 그것들을 기록하였다. 그의 많은 고전古専은 대부분 절강박물관浙江博物館에 보관되어 있다.

중주中州의 변락汴洛 일대도 고묘전古墓専의 출토가 많은 지역이다. 그

----
107. 묘전(墓専): "전(専)"은 바로 전(磚)을 말한다-저자주.

러나 대부분이 범죄자를 매장한 벽돌로, 인명 및 사망한 연월만을 기록했으며, 직접 칼로 그어 글자를 새겼기 때문에 똑같은 것은 없다. 이러한 전각專刻은 문자로써 취할만한 것은 없지만 시대는 오히려 강남江南의 묘전墓專보다 빠른 것으로 대부분 동한東漢 시대의 것이다.

그밖에도 장방형의 묘전墓專이 있는데, 양면에 간단한 묘지명墓誌銘이 새겨져 있으며, 대부분 강남江南 진송晉宋 사람의 묘에서 나왔다. 당시에는 각석刻石과 입비立碑를 금지시켰기 때문에 흙벽돌인 토전土專으로 교체하여 사용하였다. 이런 고전古專을 "전지專誌"라고 불렀고 묘지류墓誌類에 귀속시켰다. 남송南宋 때 출토된 것으로 유명한 왕희지王羲之의 ≪보모전지保母專誌≫가 있으며, 근년에는 남경南京 지역에서도 많이 발굴되었다.

신강新疆 고창高昌의 고성古城에서도 한 무더기의 전지專誌를 발견했는데, 그 문자는 칼로 새긴 것이 아니고 붉은붓으로 쓴 것이었다. 출토된 후에 쉽게 마멸되었기 때문에 존재하는 것이 많지 않다. 황문필黃文弼(1893~1966)이 ≪고창전집高昌專集≫ 한 권을 엮고, 나진옥羅振玉이 ≪고창전록高昌專錄≫ 한 권을 편집하여 이런 고전古專들을 기록하였다.

갑골甲骨 갑골이라는 말에서 갑甲은 귀갑龜甲, 즉 거북이의 껍질로서 귀판龜版이라고도 불렀다. 골骨은 우갑골牛胛骨이다. 상대商代의 왕공귀족은 사관史官을 청해 길흉을 점치도록 하고, 그 복사卜辭는 귀판과 우골에 새겨 조묘祖廟에 보관함으로써 기록을 보존하려고 하였다. 문자가 있는 이런 갑골甲骨은 모두 하남성河南省 안양安陽에서 출토되었다. 안양安陽은 은상殷商의 도성이었기 때문에 "은허殷墟"라고 불렀다. 현지의 농민이 이런 갑골甲骨 조각을 파내었지만 무엇인지 몰라 약방에 가져다 용골龍骨이라고 속여 팔았다. 광서光緖 24년(1898)에 어떤 사람이 천진天津으로 가져왔는데, 고고학자였던 왕양王襄(1876~1965)과 맹정생孟定生(생졸미상)의 눈에 띄어 고대 문물로 인정되었고, 이름을 "고간古簡"이라고 하였다. 다음 해에 골동품상이 한 무더기의 갑골甲骨을 북경北京으로 가져왔고, 왕의영王懿榮·단방端方·유악劉鶚(1857~1909, ≪노잔유기老殘遊記≫의 저자) 등이 서로 앞 다투어 구입하였다. 그래서 갑골甲骨문자의 연구는 문물 고고학의 새로운 분야가 되었던 것이다.

갑골甲骨문자는 이명彝銘의 대전大篆 이전, 즉 진한秦漢 이래로 줄곧 본 사람이 없었다. 허신許愼의 ≪설문說文≫에 인용된 소위 "고문古文"과 "기자奇字"는 대전의 초기서법으로 갑골문자만큼 간단하지는 않다. 이 때문에 갑골甲骨문자의 발견은 중국문화사와 언어문화사에 있어서 중대한 하나의 사건이다. 이것들이 처음 학자들에게 발견되었을 때, 장병린章炳麟(1869~1936)과 같은 박학지사조차도 갑골甲骨문자를 은상殷商의 문자로 믿지 않고 배척하였다.

본문에서 언급한 것은 모두 크기가 작은 문물로, 문자가 있어 연구에 도움이 되는 것으로 제한하였으며, 문자가 없는 것들은 문물연구의 자료가 되었다. 갑골甲骨이 비록 작은 물건이긴 하나 갑골甲骨문자의 연구는 이미 자체적으로 하나의 분야가 되었기 때문에 일부 학자들은 이를 금석학의 영역에 집어넣지 않았다.

중국 금석문 이야기

지은이 | 시칩존
옮긴이 | 이상천, 백수진
펴낸이 | 최병식
펴낸날 | 2014년 6월 25일
펴낸곳 | 주류성출판사
서울특별시 서초구 강남대로 435 (서초동 1305-5)
TEL | 02-3481-1024(대표전화) • FAX | 02-3482-0656
www.juluesung.co.kr | juluesung@daum.net

값 12,000원

잘못된 책은 교환해 드립니다.

ISBN 978-89-6246-216-6 93910

국립중앙도서관 출판예정도서목록(CIP)

(중국) 금석문 이야기 / 시칩존 지음 ; 이상천, 백수진 옮김
. -- [서울] : 주류성, 2014
p.142 ; 152×220cm

원표제 : 金石叢話
원저자명 : 施蟄存
중국어 원작을 한국어로 번역
ISBN 978-89-6246-216-6 93910 : ₩12000

금석학[金石學]
중국(국명)[中國]

912.00254-KDC5
951-DDC21   CIP2014019262